마음에 새겨야 할 하나님의 명령

십계명

**THE TEN COMMANDMENTS,
FOUNDATIONAL TOOLS FOR OUR FAITH SERIES**

Copyright ⓒ 2018 by Kevin DeYoung
Published by Crossway
a publishing ministry of Good News Publishers
Wheaton, Illinois 60187, U.S.A.

This edition published by arrangement with Crossway through rMaeng2,
Seoul, Republic of Korea.
All rights reserved.

This Korean Edition Copyright ⓒ 2019 by Word of Life Press, Seoul, Republic of Korea

이 한국어판의 저작권은 알맹2 에이전시를 통하여 Crossway와 독점 계약한
생명의말씀사에 있습니다. 신 저작권법에 의하여 한국 내에서 보호받는 저작물이므로
무단 전재와 무단 복제를 금합니다.

십계명

ⓒ 생명의말씀사 2019

2019년 7월 30일 1판 1쇄 발행
2025년 5월 2일   3쇄 발행

펴낸이 | 김재권
펴낸곳 | 생명의말씀사

등록 | 1962. 1. 10. No.300-1962-1
주소 | 서울시 종로구 경희궁1길 6 (03176)
전화 | 02)738-6555(본사) · 02)3159-7979(영업)
팩스 | 02)739-3824(본사) · 080-022-8585(영업)

기획편집 | 임선회
디자인 | 조현진
인쇄 | 주손디앤피
제본 | 주손디앤피

ISBN 978-89-04-16681-7 (04230)
ISBN 978-89-04-70056-1 (세트)

저작권자의 허락없이 이 책의 일부 또는 전체를
무단 복제, 전재, 발췌하면 저작권법에 의해 처벌을 받습니다.

THE 10 COMMANDMENTS

마음에 새겨야 할 하나님의 명령
십계명

케빈 드영 지음 | 조계광 옮김

생명의말씀사

추천사

　정말 정말 잘 쓴 책이다!
　교회 안에서 십계명이 사라진 시대에 이 책을 우리 한국 교회 성도들에게 추천할 수 있는 것은 크나큰 기쁨이다. 교회 안에서 돌아가는 수많은 화려하고 매력적인 프로그램들 속에서 십계명은 매력을 잃어버렸다. 십계명은 강단에서 거의 가르쳐지지 않는 주제가 되었고, 교인들의 의식 속에서도 그다지 의미 있는 삶의 기준이 되지 못한 지 오래다. 복음 안에서 신자에게 주어지는 자유를 오해하는 사람들은 십계명을 율법주의의 잔재쯤으로 여기는 듯하고, 반면 율법주의에 경사된 사람들에게 십계명은 부자 청년에게 그랬듯이 단순한 외적 규례에 지나지 않는다. 십계명의 부재는 오늘날 우리가 경험하고 살아가는 값싼 은혜의 종교, 윤리 실종의 기독교를 만들었다.
　케빈 드영은 이처럼 심폐소생술을 받아야 할 지경이 된 십계명에 새로운 숨을 불어넣어 주는 책을 썼다. 이 책을 읽는 성도들은 율법을 즐거워하고 하나님의 뜻을 행하며 살고 싶은 열망을 다시 회복하게 될 것 같다.
　저자는 십계명의 각 계명의 의미가 무엇인지, 그 계명들이 왜 중요한

지, 그리고 우리가 왜 그 계명들을 지켜야 하는지를 친절하게 설명해 준다. 저자의 설명은 성경적이고 신학적이어서 어느 곳 하나 치우친 구석 없이 모든 성경이 주는 균형 잡힌 가르침과 신학적 일관성을 내내 유지하고 있다. 또 저자의 설명에는 우리의 지적 궁금증을 피해 가지 않고 거의 빠짐없이 설명해 주는 친절함이 넘친다. 그래서 저자는 십계명이 고리타분한 옛날 옛적의 계명이 아니라 현대의 모든 이슈들에 대해서 말씀하는, 살아있고 적실성 있는 하나님의 계명이라는 사실을 설득력 있게 보여 준다. 뿐만 아니라 이 책에는 저자의 목양적 애정이 가득하다. 단지 '십계명이 이런 뜻이구나!' 하는 깨달음에 그치지 않고, 하나님의 말씀 앞에 독자들을 벌거벗은 모습으로 세우고, 그리스도의 의로 그들을 덮어 주며, 그 뜻을 따라 살고 싶게 만드는 힘이 있다.

이 책을 읽는 내내 우리 교회 모든 교우들에게 읽히고 싶었고, 내 아들과 딸에게 읽히고 싶었다. 이 책은 윤리 실종의 한국 기독교를 살릴 수 있는 작은 불씨다. 이 책을 통해 한국 교회가 십계명이라는 옛 우물에서 깊고 시원한 생수를 길어 마시고 소생하는 은혜를 입기를 바란다.

김형익 목사(벧샬롬교회)

목차

추천사 4

시작하는 글 – 율법의 좋은 소식   8
이 시대의 비명령적 계명들 | 십계명을 알아야 하는 5가지 이유 | 십계명에 복종해야 하는 이유

1. 오직 하나님만 섬겨라   30
기독교가 세상에 미치는 영향 | 오직 하나님만 예배하라 | 모든 형태의 우상숭배를 피하라 | 그리스도께로 돌이키라 | 네 가지 질문

2. 하나님께서 기뻐하시는 예배를 드려라   50
자의적인 예배 | 죄와 영혼 | 하나님과 같은 분은 없다 | 오늘날의 적용

3. 무엇을 하든, 여호와의 이름을 높여라   66
이름을 망령되게 부르지 말라 | 무엇을 금하는가? | 이것이 중죄인 이유는 무엇인가? | 어떻게 지킬 것인가?

4. 안식하며 기뻐하라   86
혼란스럽지만 중요하다 | 구약성경에 나타난 안식일 | 신약성경에 나타난 안식일 | "그렇다. 그러나…" | 예배드리는 날 | 그리스도를 신뢰하고 안식하는 날 | 일을 멈추고, 그리스도 안에서 안식하는 날

5. 부모를 존경하고 사랑하라   110

마땅히 공경해야 한다 | 부모 공경의 의미 | 부모 공경의 한계 | 왜 부모를 공경해야 하는가? | 어떻게 공경해야 하는가? | 부모를 공경하는 말

6. 살인하지 말라   132

무엇을 금지하는가? | 어떻게 적용해야 하는가? | 예수님을 바라보라

7. 간음하지 말라   152

결혼에 대한 성경적인 정의 | 간음의 적용 범위 | 세 가지 유형의 사람들

8. 보물을 하늘에 쌓으라   176

하나님께서 금하시는 것 | 하나님께서 요구하시는 것

9. 진실을 말하라   200

참된 증거 | 거짓 증언하지 말라 | 진실을 말하는 것이 중요한 이유

10. 탐심을 버리고 자족하라   222

중대한 죄 | 우리의 마음을 빼앗는 것 | 불평불만 | 탐심의 징후 | 빈칸을 채우라

마치는 글 – 그리스도 안에서   242

시작하는 글

율법의 좋은 소식

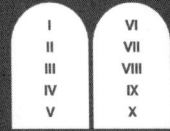

하나님이 이 모든 말씀으로 말씀하여 이르시되
나는 너를 애굽 땅, 종 되었던 집에서 인도하여 낸
네 하나님 여호와니라

출애굽기 20:1-2

출애굽기 20장 1-2절은 성경에서 가장 유명한 말씀이자 온 세상의 종교 문서 가운데 가장 중요한 문서인 십계명의 서론이다. 묘하게도 이 계명들은 실제로는 십계명으로 불리지 않는다. 구약성경에 세 차례 나타나는 히브리어 표현은 본래 "열 가지 말씀"을 의미한다(출 34:28; 신 4:13, 10:4). 이것이 출애굽기 20장이 종종 "데칼로그"(Decalogue, 열 개의 말씀)로 불리는 이유다. '데카'(deka)는 '열'(ten)을, '로고스'(logos)는 '말씀'(word)을 뜻하는 헬라어다. 하나님은 시내산에서 이스라엘 백성에게 열 가지 말씀을 주셨다. 그 열 가지 말씀에 하나님은 모든 사람이 복종하기를 원하신다.

어떤 명칭으로 부르든 십계명은 엄숙한 명령이다. 사람들의 문제는 십계명의 명칭이 아닌 그 안에 담긴 내용과 관련이 있다. 십계명을 공부해 보면 인간의 반항적인 본성이 확연하게 드러난다. 우리는 해야 할 일과 하지 말아야 할 일을 명령하시는 하나님을 싫어한다.

이 시대의 비명령적 계명들

몇 년 전 CNN 웹사이트에 "무신론자의 새로운 십계명"이라는 제목의 기사가 게재되었다.[1]

'에어비앤비'(AirBnB)의 임원 렉스 베이어(Lex Bayer)와 스탠포드대학교의 교목 존 피그도어(John Figdor, 인본주의자)가 인터넷을 통해 "열 가지 비명령적 계명"을 모으려고 시도했다. 그들은 세계 전역에서 보내온 답변을 모아 채택된 사람에게 만 달러의 상금을 주겠다고 광고했다. 그렇게 2,800개 이상의 답변을 모은 뒤, 그들은 13명의 심사위원을 지명하여 그중에서 열 개를 고르게 했다. 그들이 고른 이 시대의 십계명은 다음과 같다.

1. 항상 열린 마음을 유지하며, 새로운 증거가 나타나면 기꺼이 신념을 바꾸라.
2. 자신이 사실이기를 바라는 것이 아니라 무엇이 사실일 가능성이 가장 큰지 이해하려고 노력하라.
3. 자연 세계를 이해하는 가장 신빙성 높은 방법은 과학적인 방법이다.
4. 모든 사람은 자신의 육체를 통제할 권리를 갖는다.

---

[1] Daniel Burke, "Behold Atheists' New Ten Commandments", CNN website, December 20, 2014 (2107 9월 21일 검색), http://www.cnn.com/2014/12/19/living/athesit-10-commandments/index.html. 나는 이 이야기를 다음의 자료에서 우연히 발견했다. John Dickson, *A Doubter's Guide to the Ten Commandments* (Grand Rapids, MI: Zondervan: 2016), 20-22.

5. 선한 사람이 되거나 의미 있고 온전한 삶을 사는 데 신은 필요하지 않다.
6. 스스로의 행동 결과에 주의를 기울이고, 그에 대한 책임을 기꺼이 인정하라.
7. 다른 사람들이 대해 주기 바라는 대로 그들을 대하라. 다른 사람들도 그런 대우를 받기 원한다는 것을 기억하고, 그들의 관점을 존중하라.
8. 우리에게는 다른 사람들은 물론 미래 세대를 배려해야 할 책임이 있다.
9. 올바르게 살아가는 방식은 한 가지가 아니다.
10. 세상을 지금보다 더 나은 곳으로 만들어라.

하나님의 율법에 비춰 보면 잘못되었지만 사람들이 스스로의 도덕적 의무를 의식하고 있다는 점에서 보면 옳은 말처럼 들린다. 이 십계명은 21세기의 제일선에서 통용되는 기본적인 도덕법을 적나라하게 보여 주고 있다.

다소 순진하게 들릴지 모르지만 나는 이 새로운 계명을 대충만 살펴보아도 즉시 몇 가지의 큰 모순을 발견할 수 있다고 생각한다. 사람들은 선한 사람이 되거나 올바르게 사는 법을 아는 데 신이 필요하지 않다고 말했다(5계명). 그러면서도 그들이 말한 7계명은 예수님이 가르치신 황금률을 그대로 되풀이하고 있다(마 7:12). 또한 사람들은 프랜시스 베이컨(Francis Bacon)의 귀납법이 북미에 널리 알려진 이유가 그의 방법론을 하나님께서 창조하신 세계를 관찰하는 데 유익한 방법으로 생각했던 장로교 개혁주의 신학자들 때문이었다는 사실을 의식하지 못하고 과학적인 방법에 관해 말했다(3계명).

더 중요한 것은 이 계명들이 논리적으로 옹호하기 불가능하다는 점이다. 이 계명들을 "비명령적"으로 일컫는 이유는 명령적이지 않은 것처럼 느껴지게 하려는 것으로 생각된다. 그러나 모두 다 명령이다. 모두 도덕적인 '당위성'을 강조한다. 오늘날 우리는 "옳고 그른 것은 스스로 결정할 문제다."라고 말하면서 명령을 어겼다는 이유로 다른 사람들을 비난하는 역설의 시대에 살고 있다. 요즘 문화는 성에 대해 매우 자유분방하면서도 성 혁명의 도덕적 주장에 대해서는 철저히 근본주의적인 태도를 취한다. 우리는 과거에 흔히 사용하던 욕설에 그다지 화를 내지 않으면서도 공격적인 비난이나 모욕적인 언사를 들으면 그렇게 말하는 사람을 예의가 없다며 배척한다. 이처럼 우리는 지금도 여전히 도덕법을 지키는 사회에 살고 있다.

이번에는 여덟 번째 계명을 생각해 보자. 이 계명을 어떻게 나머지 아홉 계명과 조화시킬 수 있을까? '올바르게 살아가는 방식이 한 가지가 아니라면' 어떻게 세상을 더 나은 곳으로 만들고, 다른 사람들을 배려하며, 우리의 육체를 통제할 수 있다는 것일까? 아무렇게나 우리가 말하는 대로, 혹은 좋아하는 대로 하면 되는 것일까? 그렇지 않을 것이다.

베이어와 피그도어의 십계명 공모전은 무신론적 인본주의를 다룬 그들의 책을 알리려는 일종의 '퍼블리시티 스턴트'(publicity stunt, 세간의 이목을 끌기 위한 의도적인 행사나 연출-역주)였다. 그러나 실제로 저자들은 그것을 주변 상황을 고려해 각자의 도덕법을 확립하기에 좋은 아이디어로 믿고 있는 듯하다. CNN 기사의 다른 곳에서는 다음과 같은 내용이 발견된다.

> 베이어는 인간은 동정심을 느끼는 성향이 강하며, 과학적인 방법과 대중(또는 매일 인터넷에 접속하는 사람들)의 지혜가 그릇된 생각들을 몰아낼 것이라고 말했다. 그러면서 그는 이것이 항상 열려 있는 희망찬 발전적 과정이라고 덧붙였다.[2]

나는 그들이 무슨 인터넷을 말하는 것인지 잘 모르겠다. 내가 아는 한 '온라인'(online)은 그릇된 생각들을 몰아내는 데 기여할 만한 신뢰성을 갖춘 공간이 아니다.

앞서 말한 대로 베이어와 피그도어는 13명의 심사위원을 지명해 가장 훌륭한 비명령적 명령을 고르게 했다. 그 이유는 그들이 단지 사람들의 생각을 묻는 것만으로는 위대한 도덕법을 얻어 낼 수 없다는 것을 본능적으로 알고 있었기 때문이다.

사실 인터넷에 의존해 세상에서 살아가는 법을 깨우치겠다는 것은 가장 잘못된 생각 가운데 하나일 때가 많다.

얼마 전에 나는 우연히 영국 정부가 2억 8천 7백만 달러를 들여 제

---

[2] Ibid.

조한 극지 연구선의 명칭을 정하려고 했던 이야기를 접하게 되었다. 영국 정부는 새로운 연구선에 대한 대중의 관심을 유도하기 위해 인터넷 투표로 탐사선의 명칭을 정하기로 결정했다. 공모전을 주관했던 기관은 '어니스트 섀클턴'(Ernest Shackleton, 유명한 탐험가), '인데버'(Endeavor), '팰컨'(Falcon) 같은 명칭을 고려 중이라고 말했다. 그러나 영국 국민의 일방적이고 압도적인 지지를 받아 인터넷 투표로 결정된 이 최첨단 연구선의 명칭은 '보티 맥보트페이스'(Boaty McBoatface)였다. 영국 국민의 유머 감각이 돋보이긴 하지만 정부 관리들이 바랐던 명칭은 아니었다.

결국 주무 기관은 공모전의 당선작을 따르지 않기로 결정하고, 4위에 오른 '데이비드 애튼버러 경'(Sir David Attenborough)을 선택했다.[3] 대중의 지혜가 항상 지혜로운 것은 아니다.

이것은 선박은 물론 계명도 마찬가지다. 성경은 하나님을 경외하는 것이 지혜의 근본이라고 가르친다(잠 9:10). 도덕적인 교훈을 얻으려면 우리 자신의 육감을 따르기보다 하나님의 말씀에 귀를 기울여야 한다. 옳고 그름을 구별하고, 선한 삶을 살고, 친구들과 이웃을 복되게 하는 법을 배우려면 하나님의 뜻에 따라 살아야 한다. 이것이 십계명에 깊은 주의를 기울여야 하는 이유다.

또한 십계명을 직접 살펴보려면 약간의 준비 작업이 필요하다. 구체적으로 말하면 다음 두 가지 질문을 생각해 봐야 한다.

---

3) "boaty McBoatface' Polar Ship Named after Attenborough", May 6, 2016(2017년 9월 20일 검색), http://www.bbc.com/news/uk-36225652.

왜 십계명을 배워야 하는가?
왜 십계명에 복종해야 하는가?

지금부터 나는 하나의 질문에 각각 다섯 가지 대답을 제시할 생각이다. 십계명을 살펴보기 전에 먼저 이 열 가지 대답을 생각해 보기 바란다.

십계명을 알아야 하는 5가지 이유

과거에는 첫 번째 질문에 대한 답이 자명했다. 그리스도인이든 아니든 모두가 십계명이 중요하다고 생각했다. 그러나 요즘에는, 심지어 교회 안에서까지 성경의 도덕법에 무관심하거나 그것을 배우는 일을 불편하게 생각하는 경향이 적지 않다. 십계명이 중요하고, 주의 깊은 관심을 기울여야 할 가치를 지닌다는 점을 다시금 깊이 인식할 필요가 있다. 십계명을 배워야 할 다섯 가지 이유는 다음과 같다.

첫 번째 이유 – 일반적인 무지

십계명을 모르는 사람이 많다. 예배 중에 십계명을 낭독하는 교회들이 갈수록 줄어들고 있다. 어린아이들에게도 십계명을 외우라고 가르치지 않는다. 주일 오전 예배 때 어린아이와 성인 중 아무나 예배당 앞으로 불러내어 십계명을 암송해 보라고 하면 크게 당황할 것이 분명하다.

교회가 이 정도라면 교회 밖은 훨씬 더 심각할 수밖에 없다. 최근의 조사에 따르면 미국인들 가운데 십계명을 말할 수 있는 사람이 고작 14퍼센트에 불과한 것으로 드러났다. 이와 비교하여 맥도널드 '빅맥(Big Mac) 햄버거'의 구성 성분이 일곱 가지라는 사실을 아는 미국인은 전체의 4분의 1에 달하고, '브래디 번치'(the Brady Bunch, 내가 태어나기도 전에 종영된 TV 프로그램이다)에 등장하는 여섯 명의 어린아이 가운데 세 사람을 알고 있는 사람은 미국인 네 명 중 세 명, 그 모두를 알고 있는 사람도 그 세 명 중 한 명 이상인 것으로 나타났다. "살인하지 말라."가 십계명 가운데 하나라는 사실을 아는 사람보다 '빅맥 햄버거'의 소고기 패티가 두 장이라는 사실을 아는 사람이 더 많다.[4]

시내산에서 주어진 십계명이 역사상 가장 영향력 있는 도덕법이라는 말은 조금도 과장이 아니다. 이것이 미국 대법원 건물의 장식물(여러 상징과 법률 제정자들을 새긴 장식물)에서 모세나 십계명을 발견할 수 있는 이유다.

> 너희는 지켜 행하라. 이것이 여러 민족 앞에서 너희의 지혜요 너희의 지식이라. 그들이 이 모든 규례를 듣고 이르기를 이 큰 나라 사람은 과연 지혜와 지식이 있는 백성이로다 하리라(신 4:6).

---

4) "Americans Know Big Macs Better than Ten Commandments" October 12, 2007(2017년 9월 22일 검색). https://www.reuters.com/article/us-bible-commandments/americans-know-big-macs-better-than-ten-commandments-idUSN1223894020071012; Kenyon Cureton, "The Ten Commandments: Foundation of American Society"(2017년 9월 22일 검색). http://www.frc.org/booklet/the-ten-commandments-foundation-of-american-society-.

이 말씀은 사실로 입증되었다. 성경에 기록된 대로 이스라엘 민족에게 주어진 계명은 온 세상에 널리 알려졌다. 십계명이 옳다고 생각하든 아니든 세계사, 특히 서양사에 관심이 있다면 십계명을 몰라서는 안 된다.

두 번째 이유 – 역사적인 가르침

교회는 역사적으로 십계명을 말씀 사역의 중심으로 삼아 특히 어린아이와 새신자들에게 가르쳤다. 교회의 요리문답 교육의 세 축은 사도신경과 주기도와 십계명이었다. 다시 말해 "제자훈련을 어떻게 시켜야 하죠? 아이들에게 어떻게 성경을 가르쳐야 하죠? 새신자들이 기독교에 관해 알아야 할 것이 무엇이죠?"라는 질문에 대한 답에는 항상 십계명이 포함되었다.

예를 들어 『하이델베르크 요리문답』(Heidelberg Catechism)의 경우에는 52주로 구성된 문답 교육 가운데 11주 교육을 십계명에 할애했다. 아울러 『웨스트민스터 소요리문답』(Westminster Shorter Catechism)은 107개의 전체 문답 가운데 42개 문답을, 『루터교 대요리문답』(the Lutheran Large Catechism)은 전체 문답의 절반 이상을, 『가톨릭교회의 요리문답』(the Catholic Church)은 750쪽 가운데 120쪽을 각각 십계명에 할애했다. 이처럼 다양한 교파들이 역사적으로 십계명을 강조해 왔다.

세 번째 이유 – 모세 율법의 핵심

십계명은 모세 언약과 관련된 율법의 핵심이다. 그런 사실이 십계명의 서론부에 분명하게 드러나 있다. 출애굽기 20장 서두에서 중요한 변화가 발견된다. 하나님이 모세에게 말씀하시면 그가 산에서 내려가 백성들에게 말씀을 전하는 방식이 바뀐 것이다. 하나님은 19장에서 그런 방식을 취하셨지만 20장에서는 "이 모든 말씀"을 이스라엘 백성에게 직접 명령하셨다(출 20:1). 이것이 이스라엘 백성이 십계명을 모두 듣고 나서 모세에게 "당신이 우리에게 말씀하소서. 우리가 들으리이다. 하나님이 우리에게 말씀하시지 말게 하소서"(출 20:19)라고 간청했던 이유다. 그들은 너무나 두려웠기 때문에 중보자 없이 하나님의 말씀을 직접 들을 수가 없었다. 이런 사실은 출애굽기 19-20장에 나타난 하나님의 권능이 얼마나 위대했는지를 여실히 보여 줌과 동시에 십계명의 중요성을 분명하게 강조한다.

더욱이 출애굽기 20장 2절은 하나님이 아브라함을 부르시면서 하셨던 말씀을 의도적으로 연상시키고 있다. 이 두 말씀의 유사성에 주목하라.

> 나는 … 너를 갈대아인의 우르에서 이끌어 낸 여호와니라(창 15:7).
> 나는 너를 애굽 땅, …에서 인도하여 낸 네 하나님 여호와니라(출 20:2).

구원사에 나타난 이 위대한 두 순간(아브라함, 그리고 모세와 시내산 아래에 있던 이스라엘 백성)에 하나님은 "나는 네 하나님이 되어 네게 이 특별한 말씀을 주기 위해 너를 낯선 땅에서 불러냈다"고 말씀하셨다.

다수의 구약성경 학자들을 비롯해 적지 않은 사람이 "글쎄요, 생각해 보세요. 계명의 종류는 매우 다양합니다. 십계명은 간결하고, 교회 역사 안에서 중요한 역할을 해 왔지요. 그러나 그것은 모세 율법의 서론일 뿐입니다. 모세 오경에 기록된 율법은 수백 가지가 넘어요. 성경은 십계명만이 모든 율법 중 단연 독보적이라고 말씀하지 않습니다."라고 말한다. 성경이 십계명을 특별히 큰 글자로 기록하지 않은 것은 사실이지만 고대 이스라엘 사회에서 그것이 차지했던 특별한 지위를 과소평가해서는 안 된다.

십계명은 하나님께서 이스라엘 백성에게 직접 말씀하신 것이다(신 5:1-5). 십계명은 하나님께서 "불 가운데, 구름 가운데, 흑암 가운데에서 큰 음성으로" 이르신 것이다(신 5:22-27). 출애굽기 20장은 물리적 차원과 영적 차원에서 이스라엘의 삶의 정점이었다. 십계명의 두 돌판이 아론의 지팡이, 만나와 함께 언약궤 안에 안치된 것은 조금도 이상하지 않다(히 9:4).

물론 구약성경에 기록된 율법은 많다. 그러나 십계명이 모든 율법의 근간이다. 십계명은 이스라엘의 헌법과 다름없고, 나머지 율법은 법규다.

출애굽기 20장에서 21장, 22장으로 넘어가면서 율법 수여 방식이 크게 달라진다. 십계명은 옳고 그름의 분명하고, 명확하고, 절대적인 기준이다. 21장부터는 적용에 초점이 맞춰졌다. 21장, 22장의 각 단락을 시작할 때는 "…했거든", "…했을 때", "누구든"과 같은 표현이 사용되었다. 이것은 시내산에서 돌판에 기록된 헌법적인 규정을 적용한 판례법을 뜻한다. 이스라엘이 명실상부한 국가로 발돋움하는 첫 단계에서부터 십계명은 그들의 삶을 규정하는 규칙들을 확립하는 토대로 사용되었다.

네 번째 이유 – 신약성경이 가르치는 윤리의 핵심

십계명은 신약성경이 가르치는 윤리의 핵심이기도 하다. 예를 들어 마가복음 10장 17절을 생각해 보자. 젊은 부자 관원이 예수님께 찾아와 "내가 무엇을 하여야 영생을 얻으리이까?"라고 물었다. 그러자 예수님은 "네가 계명을 아나니 살인하지 말라, 간음하지 말라, 도둑질하지 말라, 거짓 증언하지 말라, 속여 빼앗지 말라, 네 부모를 공경하라 하였느니라"(막 10:19)라고 대답하셨다. 물론 예수님은 구원을 얻는 방법을 제시하지 않으셨다. 그 후의 이야기를 보면 알 수 있듯이 예수님의 의도는 그의 부족함을 깨우쳐 주는 것이었다. 결국 그는 예수님께서 언급하지 않으신 한 가지 계명, 곧 "탐내지 말라"는 계명에 복종하지 못한 것으로 드러났다(20-22절). 이와 같이 예수님께서 십계명으로 이웃에 대한 의무를 요약해서 말씀하셨다는 사실은 매우 의미심장하다.

로마서 13장에도 이와 유사한 사례가 발견된다.

바울 사도는 십계명으로 하나님께 복종하는 기독교적 삶의 의미를 간단하게 밝혔다.

> 피차 사랑의 빚 외에는 아무에게든지 아무 빚도 지지 말라. 남을 사랑하는 자는 율법을 다 이루었느니라. 간음하지 말라, 살인하지 말

라, 도둑질하지 말라, 탐내지 말라 한 것과 그 외에 다른 계명이 있을지라도 네 이웃을 네 자신과 같이 사랑하라 하신 그 말씀 가운데 다 들었느니라(롬 13:8-9).

바울도 예수님처럼 십계명을 서로 사랑하는 삶의 실천 원리로 제시했다. 사랑하면 십계명을 이루는 것이고, 십계명에 복종하면 사랑의 법을 이루는 것이다.

바울은 디모데전서 1장에서도 비슷한 가르침을 베풀었다. 그는 율법은 적법하게 사용하면 선한 것이라 말한 뒤(8절) 9절과 10절에서 "아버지를 죽이는 자와 어머니를 죽이는 자"(5계명 위반), "살인하는 자"(6계명 위반), 동성애와 같이 성적으로 부도덕한 죄를 저지르는 자(7계명 위반), "인신매매를 하는 자"(8계명 위반), "거짓말하는 자와 거짓 맹세하는 자"(9계명 위반)를 악인으로 규정했다. 이처럼 바울은 십계명을 하나님의 백성을 위한 윤리적인 가르침을 구체적으로 요약하는 규범으로 제시했다.

유대교 전통에 따르면 모세 오경에는 모두 613개의 율법이 존재한다. 그 모든 율법이 중요하다. 왜냐하면 하나님과 이웃에 대한 사랑을 가르치고 있기 때문이다. 그러나 613개의 율법은 십계명으로 요약될 수 있고, 십계명은 다시 두 개의 계명(마음을 다하고, 목숨을 다하고, 뜻을 다해 하나님을 사랑하는 것과 이웃을 자기 자신같이 사랑하는 것)으로 요약된다(마 22:37-40 참조). 예수님은 십계명의 형태를 다르게 바꾸셨을 뿐, 그것을 폐하지 않으셨다(마 5:17).

십계명을 공부하다 보면 무릎을 꿇고, 우리의 죄를 인정하며, 십자가 앞으로 나아가지 않을 수 없다. 우리에게는 죄사함이 필요하다. 그 누구도 십계명을 완전하게 지킬 수 없다. 아울러 죄를 용서받고 그리스도를 알게 되었더라도 하나님을 기쁘시게 하는 복종의 삶을 살려면 십계명을 지켜야 한다는 것이 신·구약성경의 가르침이라는 사실을 깨달아야 한다.

다섯 번째 이유 – 율법의 유익

십계명을 배워야 하는 마지막 이유는 그것이 선하기 때문이다. 우리는 시편 저자가 하나님의 율법을 즐거워했던 것(시 1:2)을 의아해하는 경향이 있다. 그래서 '하나님의 사랑이나 은혜나 약속을 즐거워할 수는 있지만 어떻게 율법을 즐거워할 수 있지? 계명을 좋아하는 사람이 누가 있지?'라고 생각한다.

하지만 시편 저자는 하나님이 우리를 힘들게 하기 위해서가 아니라 유익하게 하기 위해 율법을 주셨다는 사실을 이해했다. 루이스(C. S. Lewis)는 율법이 진흙과 오물과 진창으로 뒤덮인 길을 가다가 단단한 땅에 도달하는 것과 같은 좋은 소식에 해당한다고 말했다. 냄새가 고약하고 질척거리는 장소를 더듬어 헤매다가 마침내 단단한 것, 곧 의지할 수 있고, 신뢰할 수 있는 것을 찾으면 안도의 한숨을 내쉴 수 있다.

모든 사람이 십계명을 지키면 삶이 얼마나 더 크게 나아질 것인지 생각해 본 적이 있는가? 규정과 규칙을 좋아하는 사람은 별로 없다.

그러나 모두가 십계명을 지킨다면 이 세상이 얼마나 놀라운 장소로 변할 것인지 생각해 보라. 모든 사람이 십계명을 지킨다면 저작권이나 특허권이나 지적 소유권에 대한 법률이 필요하지 않을 것이다. 대문을 걸어 잠글 필요도 없고, 사기 방지를 위한 수단도 필요하지 않을 것이다. 또한 무기를 구입하거나 국가 방어 체계를 구축하는 데 국고를 낭비할 필요도 없고, 법원이나 계약서나 교도소도 필요 없을 것이다. 사람들이 십계명을 지키면 삶이 어떻게 달라질지 생각해 보라. 율법은 나쁜 것이 아니라 선하고, 의롭고, 거룩하다(롬 7:12).

십계명에 복종해야 하는 이유

십계명은 무시되면 안 된다. 십계명을 배우고 이해하는 것은 매우 중요하다. 그것에 복종하는 것은 더더욱 중요하다. 하나님은 십계명을 지성적으로 주의 깊게 분석하여 그것을 기독교 제자훈련의 중심으로 삼는 일에 그다지 감동하지 않으신다. 그분이 제자들에게 기대하시는 것은 십계명을 실천하는 것이다.

그러나 복종해야 할 올바른 이유를 알고 있어야 한다. 그릇된 동기와 목적으로 십계명을 지키려 애쓴다면 하나님과 우리의 관계가 크게 왜곡될 수밖에 없다. 하나님께서 복종하라고 계명을 주신 이유는 구원의 공로를 세우게 하기 위해서가 아니다. 우리의 정체성, 하나님의 신분, 하나님과 우리의 관계, 우리의 진정한 자유, 하나님께서 우리를 위해 하신 일 때문이다.

첫 번째 이유 – 우리의 정체성

출애굽기 19장이 20장 앞에 있다는 명백한 사실을 간과하지 말라. 하나님은 이미 이스라엘을 "제사장 나라와 거룩한 백성"으로 일컬으셨다(출 19:6 참조). 그들은 구별된 민족이었다.

그리스도인인 우리도 마찬가지다. 우리도 제사장이자 거룩한 나라다(벧전 2:9).

우리는 따로 구별되어 세상이 이해하지 못하는 규칙을 지키며 살아갈 준비를 해야 한다. 물론 우리가 항상 거룩한 나라의 백성답게 사는 것은 아니지만 그것이 우리의 소명인 것은 분명하다. 그것이 우리의 정체성이다. 우리는 하나님의 뜻에 따라 살도록 구별된 하나님의 백성이다.

두 번째 이유 – 하나님의 신분

출애굽기 20장을 시작하는 처음 두 구절은 계명을 하달하기 전에 형식적으로 덧붙인 허두가 아니다. 이 두 구절은 하나님의 신분과 그분께 복종해야 할 이유를 보여 준다.

하나님은 2절에서 "하나님", 곧 언약을 지키는 여호와 하나님이라고 자신의 신분을 밝히셨다. 불붙은 떨기나무에서 모세에게 말씀하시며 "나는 스스로 있는 자이니라"(출 3:14)고 밝히신 하나님, 곧 스스로 존재하며 스스로 충만한, 전능하신 창조주요 주권자이신 하나님이 여호와 하나님이시다. 이 하나님이 애굽에 재앙을 내리셨고, 홍해를 가르셨으며, 광야에서 만나를 허락하셨다.

하나님은 그 누구도 감히 우습게 여길 수 없는 존재이시다. 만일 하나님이 존재하시고, 그분이 성경에 계시된 하나님이시라면 정보를 모아 우리 스스로 도덕법을 만들겠다고 설치는 행위는 위험하고, 어리석고, 주제넘은 일임에 틀림없다.

율법은 율법 수여자의 마음과 성품을 반영한다. 따라서 "나는 율법 따위는 신경 쓰지 않아."라고 말하거나 해야 할 일과 하지 않아야 할 일을 지시하는 것을 못마땅하게 여겨 반발하기 전에 먼저 이 사실을 생각해야 한다. 계명들은 하나님께서 무엇을 원하시는지 보여 줄 뿐 아니라 그분이 어떤 분이신지 알려 준다. 계명들은 하나님의 명예와 가치와 위엄을 드러내며, 그분이 중요하게 생각하시는 것이 무엇인지 일깨워 준다. 율법을 무시하는 것은 곧 율법 수여자이신 하나님을 무시하는 것이다.

세 번째 이유 – 하나님과 우리의 관계

십계명의 하나님은 단순히 하나님이신 것에 그치지 않는다. 그분은 "네 하나님 여호와"(출 20:2)이시다. 우리는 그분의 소유다(출 19:5; 벧전 2:9). 절대적인 권능을 지니신 하나님은 변덕스러운 독재자, 곧 자신의 피조물을 조금도 생각하지 않고 전횡을 일삼는 괴팍한 신이 아니다.

하나님은 인격적이시며, 그리스도 안에서 언제나 우리를 위하신다(롬 8:31). 하나님이 하늘에서 우레와 같은 음성을 발하시면 죽을 만큼 무서울 수밖에 없다.

그러나 하나님의 자기 계시는 거기에서 끝나지 않는다. 그분은 "나는 네 하나님이다."라고 말씀하신다. 그분은 우리 편이고, 우리의 아버지이시다. 그분은 우리를 유익하게 하기 위해 계명을 주셨다.

네 번째 이유 – 우리가 지닌 진정한 자유

성경이 정의하는 자유는 '원하는 대로 하는 것'이 아니다. 자유란 마땅히 해야 할 일을 함으로써 얻어지는 유익을 누리는 것을 의미한다. 우리는 십계명이 우리를 속박하는 것처럼(마치 하나님의 뜻이 우리를 노예처럼 다루고, 우리의 꿈과 잠재력을 억누르는 것처럼) 생각할 때가 많다. 우리는 종종 하나님께서 우리에게 풍성한 생명과 진정한 자유를 주기 원하신다는 사실을 망각한다(요 8:32, 10:10). 하나님의 율법은 무거운 짐이 아니다(요일 5:3).

십계명을 무거운 짐이라고 생각하는가? 미국에 얼마나 많은 법이 존재하는지 아는가?

이것은 대답하기 매우 어려운 질문이다. 왜냐하면 아무도 모르는 사실이기 때문이다. 총기 소지를 규정하는 법만 해도 2만 개나 된다. 2010년에는 전국적으로 다양한 차원에서 4만 개의 새로운 법이 추가되었다. 일반 법규는 제외하고, 연방법이 수록된 미국 연방 법전만 해도 50권이 넘는다.

2008년에 미 하원 위원회에서 '의회 조사국'에 연방법에 포함된 형사 범죄 조항의 숫자를 조사해 달라고 의뢰한 적이 있다. 그로부터 5년 뒤에 '의회 조사국'은 인력과 자원이 부족해서 더 이상의 조사가 어렵

다고 회신했다.[5]

하나님은 형식과 규제로 우리를 억압하지 않으신다. 십계명은 감옥의 창살이 아닌 교통 법규와 비슷하다.

물론 '교통 법규가 없으면 세상이 더 나아질 거야.'라고 생각하는 무법자들도 더러 있을 것이다. 어떤 사람들은 마치 교통 법규가 없는 것처럼 운전한다.

그러나 적색 신호등 앞에서 기다리는 것이 싫어서 황색 신호등일 때 총알처럼 내달리고, 좌회전 신호등이 켜지지도 않았는데 제멋대로 좌회전을 한다 하더라도 겉으로나마 법과 질서가 존재하는 것이 다행스럽지 않은가?

사람들은 멈추었다가 가고, 학교 근처를 지날 때는 속도를 늦추며, 스쿨버스에 길을 양보한다. 법이 없으면 마트까지 운전하는 것도 어려울 것이다. 급커브가 많은 산길을 운전할 때 산 아래로 굴러떨어져 때 이른 죽음을 맞지 않도록 보호해 주는 가드레일을 못마땅하게 여기며 불평할 수 있겠는가?

그럴 수 없다. 왜냐하면 누군가가 큰 수고를 마다하지 않고 자유롭고 안전하게 운전할 수 있도록 우리의 유익을 위해 그곳에 그것을 설치해 놓았기 때문이다.

십계명은 애굽에서 빠져나오는 법을 알려 주는 지침이 아니라 자유롭게 된 사람들이 자유롭게 살도록 돕는 규칙이다.

---

[5] "How Many Federal Laws Are There? No One Knows", February 7, 2013(2018년 1월 27일 검색). http://www.kowal.com/?q=How-Many-Federal-Laws-Are-There%3F.

다섯 번째 이유 – 하나님께서 우리를 위해 하신 일

다시 말하지만 먼저 복음, 곧 구원의 좋은 소식이 있은 후에 율법이 주어졌다. 하나님은 노예들에게 찾아와서 "여기 십계명이 있다. 이것을 잘 이해하고 지켜라. 5년 뒤에 다시 와서 너희가 올바르게 사는 것을 보면 너희를 애굽에서 구원할 것이다."라고 말씀하지 않으셨다. 어떤 사람들은 기독교를 이런 식으로 생각한다. 그들은 하나님께서 제시하시는 규칙을 지켜야만 그분이 나를 사랑하고 구원하실 것이라고 생각한다. 그러나 출애굽은 그렇지 않았다. 이스라엘 백성은 억압을 받았다. 하나님은 그들에게 "내가 네 부르짖음을 들었다. 너를 사랑하기 때문에 너를 구원할 것이다. 너희가 죄사함과 구원을 받아 자유롭게 되었을 때 새로운 삶의 길을 일러 줄 것이다."라고 말씀하셨다.

구원은 복종에 대한 보상이 아니라 복종해야 할 이유라는 사실을 잊어서는 안 된다. 예수님은 "네가 내 계명에 복종하면 너를 사랑하겠다."라고 말씀하지 않으신다. 그분은 제자들의 발을 씻기신 후 "너희가 나를 사랑하면 나의 계명을 지키리라"(요 14:15)고 말씀하셨다.

우리가 예수님께 복종하는 이유는 그분이 우리를 위해 먼저 하신 일 때문이다.

질문과 적용

1. 이 시대의 도덕법인 '비명령적 계명'을 다시 살펴보라. 비명령적 계명은 성경의 십계명과 어떻게 다른가?

2. 출애굽기 19-20장을 읽으라. 이 말씀이 이스라엘 민족의 역사에서 가장 중요한 위치를 차지하는 이유는 무엇인가?

3. 십계명을 신약성경 윤리의 핵심으로 이해해야 하는 이유는 무엇인가?

4. 십계명이 주어진 방식과 그 내용이 하나님을 어떻게 계시하는가? 하나님에 관한 그런 계시를 우리에게 어떻게 적용할 수 있는가?

5. 저자는 "자유란 마땅히 해야 할 일을 함으로써 얻어지는 유익을 누리는 것을 의미한다"고 말했다. 저자의 의도가 무엇인지 설명하라.

1.

오직 하나님만 섬겨라

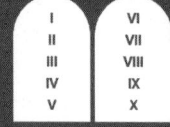

너는 나 외에는 다른 신들을 네게 두지 말라

출애굽기 20:3

우리의 믿음이 진정한 기독교 신앙이라면 단지 믿음만을 위한 믿음에 그쳐서는 안 된다.

믿음의 가장 중요한 측면은 '얼마나 열심히 믿느냐'가 아니라 '누구를 믿느냐'다.

믿음은 단순하고 진지한 태도로 헌신하는 것이기 때문에 주관적인 성격을 띨 수밖에 없지만 그릇된 사물이나 인격체를 진지하게 믿는 잘못된 믿음은 구원 신앙과 거리가 멀다. 거짓된 신을 진지하게 예배하고 섬기는 일이 얼마든지 가능하다. 이것이 십계명의 제1계명이 주어진 이유다.

성경의 하나님은 단지 강하고 힘 있는 신으로 인정받는 일에만 관심을 기울이지 않으신다. 그것은 고대 세계에서 논란을 일으킬 만한 주장이 못 되었다.

수많은 민족이 매우 인상적인 신과 여신을 많이 섬겼다.

이스라엘 민족을 다른 민족과 구별하는, 진정한 논란의 소지가 있었던 요인은 바로 그들의 하나님이 자신을 유일신으로 내세우며 다른 모든 신을 배제하고 오직 자기만을 예배하라고 요구하셨다는 사실이다.

이것이 1계명이 첫 번째 계명으로 주어진 이유다. 이는 1계명이 나머지 계명보다 우월하기 때문이 아니라 다른 모든 계명의 근간이기 때문이다.

만물을 다스리고 주관하는 권한을 지닌 하나님은 오직 한 분이시기 때문에 나머지 아홉 가지 계명이 우리에게 주어진 것이다. 이 객관적인 도덕법은 일부 지역이나 일부 사람들에게는 인정을 받지 못하고, 또 그들의 상황에 따라 좌우되기도 하지만 사실상 장소와 상관없이 모든 사람에게 적용된다.

신적인 율법 수여자 없이 과연 진정으로 권위 있는 도덕법이 존재할 수 있을까?

성경에 따르면 "그럴 수 없다." 우리의 도덕적 의무가 구속력을 지니려면 다수의 의견이나, 옳고 그름에 대한 인간의 주관적인 기준이나, 인터넷 투표 따위를 능가하는 무엇인가에 근거해야 한다.

앞에서 언급한 이 시대의 계명이 '올바르게 살아가는 방식은 한 가지가 아니다.'라는 아홉 번째 계명 때문에 어떻게 되는지 생각해 보라. 그 한 가지 계명 때문에 나머지 계명의 효력이 모두 상실된다. 비명령적 십계명은 하나님을 위한 자리를 마련하지 않는 탓에 내적으로 서로 모순되는 제안에 그칠 뿐이다.

기독교가 세상에 미치는 영향

세속적인 서구 사회에는 하나님이 옳고 그름을 결정하는 기준이 될 수 없다고 생각하는 사람이 많은 듯하다. 하지만 그것은 겉으로만 그렇게 보일 뿐이다. 왜냐하면 기독교가 매우 오랫동안 서구 사회의 중심에 있었기 때문이다.

사람들은 자신들의 윤리적인 본능이 어디에서 비롯했는지 의식하지 못한다. 최근에 영국의 존경받는 역사가 톰 홀랜드(Tom Holland)가 흥미로운 기사를 발표했다.

홀랜드가 그 기사에서 스스로를 기독교인이라고 밝혔는지 모르겠지만 자신의 도덕성이 기독교의 영향을 받았다는 것을 재발견하게 된 경위를 설명한 것은 분명한 사실이다.[1]

홀랜드는 자신이 교회에서 성장한 이야기를 들려주었다. 그는 어릴 때부터 주일학교에서 배웠던 것을 의심하기 시작했고, 자신을 둘러싼 기독교적 환경에 대한 모든 것에 의문을 품었다. 그러다가 나중에 고대 연구가이자 저술가, 역사가가 되었을 때는 그리스-로마 세계에 완전히 매료되었다.

그리스-로마 세계는 그 뒤를 이은 기독교 시대의 무지몽매함을 더욱 두드러져 보이게 만들었다.

---

1) Tom Holland, "Why I Was Wrong about Christianity", *NewStateman*. September 14, 2016(2017년 9월 29일 검색). https://www.newstatesman.com/politics/religion/2016/09/tom-holland-why-i-was-wrong-about-christianity.

에드워드 기번(Edward Gibbon)을 비롯하여 다른 위대한 계몽주의 저술가들의 책을 읽을 무렵, 나는 역사에 대한 그들의 해석(기독교가 '미신과 맹신의 시대'를 열었다는 견해)과 오랫동안 잊혀 온 고전적 가치를 재발견한 데서 현대 정신이 시작되었다는 주장을 받아들일 준비가 충분히 되어 있었다.[2]

간단히 말해 홀랜드는 헬라인과 로마인에게서 본받을 만한 가치를 발견할 수 있다고 믿고, 기독교는 퇴행적인 영성과 맹신을 조장했다고 결론지었다. 하지만 그는 다음과 같이 말을 이어 갔다.

고전 고대의 역사를 연구하면 할수록 그것이 더욱더 낯설고 불안정하게 느껴졌다. 인종 개량이라는 이유로 살인과 다름없는 관습을 따르며, 건방져 보이는 열등 인간들을 밤중에 살해하도록 젊은이들을 훈련했던 스파르타의 왕 레오니다스(Leonidas)의 가치 가운데 나의 것으로 인정할 만한 것은 아무것도 없었다. 수많은 갈리아인(Gauls)을 죽이거나 사로잡아 노예로 삼은 로마 황제들도 마찬가지였다. 내가 충격을 받은 이유는 단지 극단적인 무자비함 때문만이 아니라 가난하거나 약한 사람들은 본질적인 가치를 지니고 있지 않다는 의식 때문이었다. 따라서 위대한 계몽주의자들 대부분이 믿고 자라 온 신앙과는 전혀 무관한 계몽주의의 설립 취지는 나에게 갈

---

[2] Ibid.

수록 설득력이 없어 보였다.[3]

홀랜드는 고대의 역사를 연구할수록 자신과 동료들의 도덕성이 기독교에서 비롯했다는 생각이 더욱 짙어지기 시작했다.

그리스도의 십자가 사건에 대한 성경 이야기에 너무 익숙하다 보니 그분이 완전히 다른, 새로운 신이라는 사실을 인지하는 감각이 무뎌지고 말았다. 고대 세계는 스스로 고난을 받는 것이 아니라 징벌을 가함으로써 우주를 질서 있게 다스리는 것을 신들의 역할이라고 생각했다. 오늘날 하나님을 믿는 믿음이 서구 사회에서 쇠퇴해 가고 있지만 한때 기독교 왕국으로 알려졌던 나라들은 기독교의 토대가 되는 2천 년 전의 혁명의 흔적을 여전히 간직하고 있다. 이것이 기독교 이후의 시대를 살아가는 우리 중 대다수가 아직도 고난을 가하는 것보다는 당하는 것이 더 고귀하다는 신념을 당연시하는 가장 큰 이유이자 모든 인간의 생명이 동등한 가치를 지닌다고 믿는 이유다. 나는 결국 나의 도덕성과 윤리가 헬라나 로마가 아니라 철저하게 기독교의 가치를 따른다는 사실을 자랑스럽게 인정하기에 이르렀다.[4]

홀랜드가 십계명을 어떻게 생각했는지는 알 수 없다. 하지만 그는

---

3) Ibid.
4) Ibid.

기독교의 원리들이 지닌 영향력과 객관적인 도덕법의 필요성을 옳게 평가하고 강조했다. 우리에게 도덕법이 존재하는 이유는 도덕적인 율법 수여자가 존재하기 때문이다. 십계명이 우리에게 권위나 구속력을 지니는 이유는 우리를 창조하고, 사랑하고, 다스리시는 하나님이 계시기 때문이다. 십계명의 제1계명은 인간인 우리의 첫 번째 의무를 명시할 뿐 아니라 다른 모든 도덕적 의무의 토대를 제공한다.

그렇다면 이 계명을 어떻게 지켜야 할까? 이 계명이 왜 중요하고, 그것이 우리의 윤리적 추론에 어떤 영향을 미치는지를 파악하는 것도 유익하지만 가장 중요한 것은 그것이 명령하는 것을 실천에 옮기는 일이다. 십계명의 제1계명을 지키는 방법은 크게 세 가지, 곧 오직 하나님만 예배하고, 모든 형태의 우상 숭배를 피하고, 그리스도께로 돌이키는 것이다.

오직 하나님만 예배하라

십계명의 제1계명은 하나님이 애굽에서 이스라엘 백성을 위해 하신 일에 근거한다. 하나님은 그들을 구원하고, 구출하고, 해방하셨다. 따라서 그분은 그들에 대해 권리를 주장하신다. "나는 너를 애굽 땅, 종 되었던 집에서 인도하여 낸 네 하나님 여호와니라"(출 20:2)라는 말씀은 그들에게 모세의 지팡이가 지닌 능력과 열 가지 재앙과 홍해가 갈라진 기적을 상기시킨다. 하나님의 말씀에는 "다른 신을 믿어야 할 이유가 무엇이냐? 너 자신을 믿어야 할 이유가 무엇이냐? 너의 재주가 뛰어나거나 바로(Pharaoh)가 큰 친절을 베풀어서 네가 애굽에서 해방된 것이 아니다. 내가 너를 독수리의 날개에 태워 건져 냈고, 막강한 애굽의 세력을 제압했다. 너는 나를 믿어야 한다."라는 의미가 담겨 있다.

"다른 신들을 네게 두지 말라"는 말씀을 오해해서는 안 된다. 이 계명은 다른 신이 존재한다고 암시하지 않는다. 여러 신의 존재를 인정하면서 자신의 신을 으뜸으로 치는 '단일신교'라는 신념이 있다. 십계명의 제1계명은 그런 신념과 무관하다. 모세 언약은 '유일신론'을 전제로 한다. 다른 신을 섬기지 않아야 하는 이유는 여호와 하나님 외에는 다른 신이 존재하지 않기 때문이다. 이것이 바울이 고린도전서 8장 4-6절을 통해 말하려고 했던 요점이다.

> 그러므로 우상의 제물을 먹는 일에 대하여는 우리가 우상은 세상에 아무것도 아니며 또한 하나님은 한 분밖에 없는 줄 아노라. 비록 하늘에나 땅에나 신이라 불리는 자가 있어 많은 신과 많은 주가 있으나 그러나 우리에게는 한 하나님 곧 아버지가 계시니 만물이 그에게서 났고 우리도 그를 위하여 있고 또한 한 주 예수 그리스도께서 계시니 만물이 그로 말미암고 우리도 그로 말미암아 있느니라.

이 세상의 신들은 단지 '신'이라 일컬어지는 허구, 곧 존재론적인 실존이 없는 허상일 뿐이다. 우주 최고의 신은 단 한 분뿐이다. 그분은 오직 자기만을 예배하라고 요구하신다.

성경의 첫 구절("태초에 하나님이 천지를 창조하시니라"[창 1:1])부터 이스라엘의 하나님이 유일무이한 신이라는 사실이 분명하게 드러난다. 우리에게는 지극히 당연하게 들리지만 고대 근동지역에서는 지극히 이례적인 말씀이었을 것이다. 고대에는 우주의 기원에 관한 신화가 많았지만 대부분이 두 신의 다툼이나, 남신과 여신의 교합을 통해 창조가 이루어지거나, 한 신이 다른 신을 죽이고 그 시체로 세상을 만들었다는 식의 내용이 주를 이루었다.

그와 대조적으로 창세기는 "태초에 유일하고 참된 한 분 하나님이 계셨고, 그분이 만물을 창조하셨다"고 선언했다. 종교의 경전을 시작하는 첫마디로는 매우 충격적인 말이었을 것이 분명하다. 존 딕슨(John Dickson)은 "유일신론은 단지 성경의 첫 번째 명령에 그치지 않는다. 그것은 성경의 가장 근본적인 사상이다."라고 말했다.[5]

혼합주의는 이스라엘 사회에 늘 존재하는 문제였다. "나를 예배하라"는 하나님의 요구는 양자택일의 명제, 곧 "오직 나만 예배하거나, 나를 아예 예배하지 말라"는 의미였지만 이스라엘 백성은 두 신을 섬기려는 유혹에 끊임없이 시달렸다.

여호수아는 세겜에서 언약을 새롭게 세우고, 백성들에게 "너희의 조상들이 강 저쪽과 애굽에서 섬기던 신들을 치워 버리고 여호와만 섬기라"(수 24:14)고 권고했고, 엘리야 선지자는 갈멜산에서 "여호와가 만일 하나님이면 그를 따르고 바알이 만일 하나님이면 그를 따를지

5] John Dickson, *A Doubter's Guide to the Ten Commandments* (Grand Rapids, MI: Zondervan, 2016), 49.

니라"(왕상 18:21) 말했다. 그로부터 수백 년이 지난 후, 예수님도 제자들에게 "한 사람이 두 주인을 섬기지 못할 것이니 혹 이를 미워하고 저를 사랑하거나 혹 이를 중히 여기고 저를 경히 여김이라"(마 6:24)고 말씀하셨다.

하나님의 백성이 안고 있는 고질적인 문제는 언제나 하나님과 다른 것을 함께 섬기려고 하는 것이다. 바꾸어 말하면 "하나님도 좋지만 우리는 하나님과 바알, 하나님과 아세라, 하나님과 재물, 하나님과 사회적인 인정을 둘 다 원해."라는 식이다.

하나님께서 우리의 삶 일부를 채워 주시는 한, 우리는 그분을 섬기는 것을 행복하게 여긴다. 우리는 모두 '트리비어 퍼슈트 게임'(Trivial Pursuit, 미국의 완구업체가 만든 퍼즐 맞추기 보드게임 – 역주)과 같은 신, 곧 퍼즐의 한 조각을 채워 우리의 삶을 완성시켜 줄, 통제 가능한 신을 원한다. 그러나 하나님은 많은 존재 가운데 하나의 중요한 존재가 되기를 원하지 않으신다. 하나님을 다른 존재와 함께 예배하면 그분을 옳게 예배할 수 없다.

십계명의 나머지 아홉 계명은 해야 할 일과 해서는 안 될 일을 명령하지만 제1계명은 특정한 유형의 관계를 요구한다. 이 계명은 유일하신 하나님과 어떻게 관계를 맺어야 하는지 알려 준다. "다른 신들을 네게 두지 말라"(다른 신을 내 앞에 두지 말라, 출 20:3)는 명령은 "오직 나만 섬기라." 혹은 "내 눈앞에 다른 신을 두지 말라."를 의미한다.

칼빈(Calvin)은 이 명령을 후자의 의미로 이해했다. 그는 십계명의 제1계명을 어기는 죄는 "간통 상대자를 남편 앞에 데려오는 후안무치

한 여인과 같다. 그런 행위는 남편의 분노를 더욱 크게 돋울 뿐이다."라고 말했다.[6]

"내 앞에"를 어떻게 해석하든 결혼 관계는 이 계명을 이해하기에 매우 좋은 비유다. 배우자를 두고 다른 사람과 동시에 관계를 맺을 수는 없다. 남편이 "여보, 당신에게 특별한 사람을 소개하고 싶소. 나를 오해하지 말기 바라오. 당신도 내게 매우 특별하니까. 하지만 나는 다른 여성을 만나고 있소. 그녀는 사랑스러운 사람이오. 그녀와 가끔 시간을 보내겠지만 당신과도 많은 시간을 함께 보낼 것이오. 미리 말해 두지만 때로는 그녀와 함께 밤을 보내는 일도 있을 것이오. 둘이 잘 지낼 수 있을 거라고 믿소. 서로 좋은 친구가 될 것이오. 두 사람 모두 내게 너무나 소중하오."라고 말했다고 상상해 보라.

그런 상황에서 아내는 뭐라고 말해야 할까? "너무 잘되었네요. 내가 여전히 당신 삶의 일부가 될 수 있어서 영광스러워요."라고 말해야 할까? 그렇지 않을 것이다. 아내는 "나인지 그녀인지 분명하게 선택해요."라고 말할 것이 분명하다. 만일 아내가 크게 화를 내며 그렇게 말하더라도 누가 그녀에게 냉정하고, 교만하고, 부당하고, 관대하지 못하다고 말하겠는가? 그런 사람은 아무도 없을 것이다. 아마도 모든 사람이 그녀가 아내로서 당연히 해야 할 말을 했다고 생각할 것이다. 그녀에게는 질투할 권리가 있다. 그녀가 화를 내지 않는다면 그것이 오히려 더 이상할 것이다. '둘 다'가 아닌 '둘 중 하나'를 선택

---

[6] John Calvin, *Institutes of the Christian Religion*, ed. John T. McNeill, trans. Ford Lewis Battles (Philadelphia: Westminster Press, 1960), 2.8.16.

해야 하는 관계가 있는 법이다. 결혼은 다른 모든 관계를 포기할 것을 요구하는 관계에 해당한다.

하나님과의 관계도 마찬가지다. 십계명의 제1계명의 핵심은 사랑이다. 하나님을 진정으로 사랑한다면 사람이나 사물을 그분보다 더 사랑해서는 안 된다. 이것이 쉐마(Shema, "이스라엘아 들으라. 우리 하나님 여호와는 오직 유일한 여호와이시니 너는 마음을 다하고 뜻을 다하고 힘을 다하여 네 하나님 여호와를 사랑하라"[신 6:4–5])가 이스라엘 백성에게 그토록 중요했던 이유다. 사랑은 애정이요, 또한 결단이다. 쉐마는 하나님의 백성에게 오직 여호와만을 하나님으로 선택하도록 요구했다. 우리가 하나님을 선택한 이유는 그분이 먼저 우리를 선택하셨기 때문이다. 따라서 우리는 다른 모든 것을 버리고 하나님께 온전히 헌신해야 한다. 하나님과의 관계는 '둘 다'를 용납하지 않는다. 오직 하나님만이 하나님이시기 때문에 그분만을 사랑하고 예배해야 한다.

모든 형태의 우상 숭배를 피하라

『하이델베르크 요리문답』은 우상 숭배를 "말씀으로 자기를 계시하신 유일하고 참된 하나님 대신 그분과 나란히 신뢰하는 다른 것을 소유하거나 만드는 것"으로 정의한다.[7] 현대인 대부분은 나무나 조각상 앞에 절을 하지는 않지만 그렇다고 해서 고대 이스라엘 백성과 달

---

7) Heidelberg Catechism, question and answer 95, *Ecumenical Creeds and Reformed Confessions* (Grand Rapids, MI: Faith Alive, 1988).

리 우상을 숭배하는 성향이 없다고 생각하면 큰 오산이다. 우리는 음식이나 가족이나 스포츠가 우상이 될 수 있다는 것을 잘 알고 있으면서도 우상 숭배의 지속적인 영향력을 진지하게 생각해 보려 하지 않는다. 고대 세계에 큰 영향을 미쳤던 우상 숭배의 매혹적인 힘이 오늘날 우리에게도 여전히 똑같이 작용하여, 사람이나 사물을 유일하고 참되신 하나님과 나란히 숭배하도록 자극하고 부추기고 있다.

구약성경학자 더그 스튜어트(Doug Stuart)는 우상 숭배의 매혹적인 힘을 매우 간결하고 명확하게 묘사했다. 그는 출애굽기 주석에서 이스라엘 민족이 우상 숭배에 그토록 강하게 이끌렸던 이유를 다음의 아홉 가지로 나눠 제시했다.[8]

1. 우상 숭배는 효과가 있는 것처럼 생각되었다. 우상 숭배는 올바른 주문을 외우기만 하면 효과가 나타나고, 술법을 부리기만 하면 신이 모습을 드러내는 것으로 간주되었다. 그런 결과를 보장하는 종교를 마다할 사람이 누가 있겠는가?
2. 우상 숭배는 이기심을 충족시켰다. 고대 세계의 신들은 (강력한 힘을 가졌지만) 한 가지 중요한 점에서 인간을 필요로 했다. 그것은 바로 음식이었다. 사람들이 희생제물을 바친 이유는 신들이 배가 고팠기 때문이다. 사람들은 축복을 받기 위해 신들이 필요했고, 신들은 음식을 먹기 위해 사람들이 필요했다. 그것은 서로

---

[8] Douglas K. Stuart, *Exodus*, New American Commentary (Nashville: B&H, 2006), 450–54.

주고받는 관계, 곧 서로의 등을 긁어 주는 관계였다.

3. 우상 숭배는 쉬웠다. 윤리적인 기준을 지키거나 개인적인 희생을 치르지 않고 단지 제물과 제사를 드리면 되었다. 가나안 족속은 정교한 도덕법에 복종하거나 개인적인 경건에 힘쓸 필요가 없었다. 그들은 단지 신전에 가서 헌주(獻酒)나 제물을 바치면 되었다. 이스라엘은 '나의 행동은 중요하지 않아. 신전에 가서 종교 의식을 거행하기만 하면 돼.'라는 식의 관습에 거듭 빠져들었다.

4. 우상 숭배는 편리했다. 고대 세계의 종교는 일종의 프랜차이즈와 비슷했다. 여기저기에 신전이 많았기 때문에 사람들이 종교적인 의무를 쉽게 이행할 수 있었다. 이것이 이스라엘 백성이 끌렸던 우상 숭배의 매력 가운데 하나였다. 아마도 그들은 '왜 여러 곳에 신전을 지으면 안 되지? 왜 예배를 좀 더 편리하게 드리면 안 되지?'라고 생각했을 것이다. 그러나 여호와 하나님은 성막이나 (나중에는) 성전 한 곳에서만 예배를 드리라고 명령하셨다.

5. 우상 숭배는 보편적이었다. 다른 민족들의 경우 신의 명칭과 그들이 하는 역할만 달랐을 뿐 종교적 특성은 모두 비슷했다. 고대 근동의 민족 가운데서 이스라엘 민족만 독특했다. 하나님의 백성은 단지 몇 가지 특별한 규칙을 지키는 것에 그치지 않았다. 신에 대한 개념과 예배를 드리는 방법이 근본적으로 달랐다. 종교적인 소수로 머무는 것은 어려운 일이다.

6. 우상 숭배는 논리적이었다. 많은 남신과 여신이 존재하고, 우주를 다스리며, 복을 주관하는 영역이 제각기 다른 것은 매우 합리

적이다. 어떤 신은 바람을 일으키고, 어떤 신은 비를 내리고, 어떤 신은 짐승들의 번식을 돕는다. 고대 세계의 종교는 주변 세상을 이해하는 것처럼 보였다.

7. 우상 숭배는 사람들의 감각을 즐겁게 했다. 항상 볼거리가 많았다. 고대의 예배 의식은 심미적인 요소가 많았고, 아름답고, 예술적이었다. 우상 숭배는 사람들 눈에 옳게 보였다. 눈으로 보면 믿기 마련이다.

8. 우상 숭배는 마음껏 즐길 수 있는 기회를 제공했다. 고대에는 육류가 귀한 편이었다. 대다수 사람은 가외로 잡아먹을 가축이 없었다. 그들 대부분이 종교의식을 거행할 때만 육류를 섭취할 수 있었다. 그들은 동물을 제물로 바치고 헌주를 한 뒤 가족이나 친지들과 함께 모여 만찬을 즐겼다. 우상 숭배는 최상의 음식과 술을 즐길 수 있는 기회였다.

9. 우상 숭배는 관능적이었다. 고대인들은 대부분 신들이 하늘에서 서로 교합해야만 그들의 축복을 받을 수 있다고 믿었다. 그들은 바알과 아세라가 교합하면 하늘에서 그들의 생식이 이루어져 땅에서 풍성한 수확과 다산의 축복을 누리게 된다고 생각했다. 그렇다면 그들은 어떻게 신들의 교합을 부추겼을까? 그 방법은 인간이 서로 성관계를 맺는 것이었다. 이것이 구약성경에서 이따금 신전 창기들에 관한 내용이 발견되는 이유다. 고대인들은 자신들이 종교의식의 하나로 성관계를 맺으면 남신과 여신의 성적 교합이 이루어진다고 믿었다.

우상 숭배가 왜 그토록 매혹적이고, 이스라엘 백성이 왜 그런 관습에 거듭 빠져들었는지에 대한 이유를 짐작하는 것은 그리 어렵지 않다. 세상의 종교는 효과가 있는 것처럼 보이고, 이기심을 충족시켜 주고, 수월하고, 편리하고, 보편적이고, 논리적이고, 즐겁고, 만족스럽고, 관능적이다. 우상 숭배는 사람들이 스스로를 위해 만든 종교 체계였다.

고대 우상 숭배의 본질을 이해하려면 우리가 그와 똑같은 것에 어떻게 유혹을 느끼는지 생각하면 된다. 우리도 고대인들처럼 즐겁고, 만족스럽고, 실용적인 종교에 관심이 있다. 우리의 우상은 겉으로 다르게 보이지만 사실은 과거의 우상들과 조금도 다르지 않다. 수천 년이 지난 지금도 우리는 똑같이 성적인 욕망과 편안함과 편리함의 우상들을 원한다.

그리스도께로 돌이키라

십계명의 제1계명도 다른 계명처럼 그리스도의 오심으로 인해 변화되었다. '변화되었다'는 말은 '십계명이 더 이상 우리에게 적용되지 않는다'는 의미가 아니다. 이는 그것을 적용하는 방식, 곧 그것에 복종하는 방식이 바뀌었다는 뜻이다.

'변화되었다'(transformed)는 말보다는 '달라졌다'(transposed)는 말이 훨씬 더 나은 듯하다. 음악이 '달라졌다'는 것은 똑같은 가락을 조옮김해서 다른 음조로 연주한다는 뜻이다.

십계명도 구약성경에서 신약성경으로 옮겨 오면서 그런 식으로 달라졌다. 즉 내용은 똑같은데 의미가 달라졌다. 십계명은 여전히 교회를 위한 계명이지만 그리스도의 강림으로 인해 그 의미가 크게 달라졌다.

그리스도와의 관계 속에서 바라본 1계명은 마치 두 개의 산과 같다. 하나님은 시내산에서 "오직 나만 예배하라"고 명령하셨다. 그로부터 천 년이 지난 후에 하나님은 변화산에 임하시어 "이는 내 사랑하는 아들이요 … 너희는 그의 말을 들으라"(마 17:5)고 말씀하셨다. 놀랍게도 "나를 예배하고, 나의 규칙을 지키라"고 말씀하신 하나님이 이제는 우리에게 자기 아들의 말을 들으라고 명령하신다.

십계명의 제1계명은 성육하신 그리스도께 그분이 마땅히 받으셔야 할 예배를 드리라고 요구한다. 그리스도께서는 "하나님과 사람 사이에" 있는 유일한 "중보자"이시고(딤전 2:5), "하나님의 영광의 광채시요 그 본체의 형상"이시다(히 1:3). 그분은 만민이 엎드려 경배해야 할 분이시다(빌 2:10-11).

예수님은 "너희가 나를 알았더라면 내 아버지도 알았으리로다. 이제부터는 너희가 그를 알았고 또 보았느니라"(요 14:7)고 말씀하셨다. 이 말씀은 "너희가 나를 안다면 곧 하나님을 아는 것이다. 너희가 나를 따르고, 사랑하고, 예배한다면 곧 하나님을 예배하는 것이다. 너희가 나를 보는 것은 곧 육신을 입으신 하나님을 보는 것이다."라는 의미를 지닌다.

이 모든 사실은 그리스도 안에서 하나님을 알지 못하면 그분을 진정으로 알 수 없다는 뜻을 담고 있다. 유일하신 참하나님을 우리에게 보여 주시는 그리스도를 예배하지 않으면 십계명의 제1계명에 복종하는 것이 아니다. 단지 유일신론을 믿는 종교에 속해 있거나 성경을 신봉하는 것만으로는 충분하지 않다. 우리 주 예수 그리스도의 아버지 하나님을 예배하지 않으면 유일하신 참하나님을 예배하는 것이 아니다. 그리스도의 오심으로 인해 모든 것이 달라졌다.

네 가지 질문

칼빈은 십계명의 제1계명을 해설하면서 우리가 하나님께 드려야 할 것이 네 가지(경배, 신뢰, 기도, 감사)라고 말했다.[9]

십계명의 제1계명에 복종하려면 그리스도께도 똑같이 이 네 가지를 드려야 한다. 우리는 그리스도를 경배하며 예배해야 하고, 그분을 신뢰하며 존귀하게 여겨야 한다. 또한 우리는 기도하며 그리스도를 바라보고, 감사하며 그분 안에서 은혜를 발견해야 한다. 이것이 신약 시대의 그리스도인들이 십계명의 제1계명에 복종하는 방법이다.

이 네 가지 요점은 영적 상태를 진단할 수 있는 네 가지 질문의 토대가 된다. 이 질문들을 생각해 보면 단지 입으로 믿는다고 말하는 신이 아니라 삶 속에서 실제로 믿고 있는 신을 확인하는 데 도움이 된다.

---

9) Calvin, *Institutes of the Christian Religion*, 2.8.16.

1. 누구를 찬양(경배)하는가? 자녀들이나 배우자나 친구들을 우러르며 칭찬할 수 있다. 그러나 가장 큰 찬양은 누구에게 돌리고 있는가?
2. 누구를 의지(신뢰)하는가? 물론 하나님은 의사나 보험 회사나 처방약과 같은 수단을 통해 역사하신다. 그러나 진정으로 어려울 때 누가 항상 문제를 해결해 줄 것이라고 믿는가?
3. 누구에게 도움을 요청(기도)하는가? 어디에서 해답을 찾는가? 어디에서 삶의 목적과 기쁨을 찾는가? 음식인가, 일인가, TV인가, 전화인가, 아니면 하나님인가?
4. 누구에게 감사하는가? 축복이 어디에서 오는가? 누가 나무와 별과 귀엽게 옹알거리는 갓난아이를 만들었는가?

이런 질문들을 생각하면 삶 속에서 실제로 어떤 신을 믿고 있는지 알 수 있다. 왜냐하면 우리가 찬양하고, 의지하고, 기도하고, 감사하는 것이 곧 우리가 예배하는 신이기 때문이다. 오직 그리스도 안에서만 이 모든 질문에 대해 구원에 이르게 하는 만족스러운 대답을 찾을 수 있다. 오직 그분 안에서만 십계명의 제1계명에 진정으로 복종할 수 있다. 오직 그리스도만이 예배 받으시기에 합당하며, 오직 그분만이 기꺼이 구원을 베푸실 의향과 능력을 지니고 계신다.

질문과 적용

1. 십계명의 제1계명이 다른 모든 계명의 근간이 되는 이유는 무엇인가?

2. 십계명의 제1계명이 예배에 관해 가르치는 교훈은 무엇인가? 저자가 말한 결혼의 비유를 생각해 보라.

3. 더그 스튜어트가 이스라엘 민족이 우상 숭배에 강하게 이끌렸던 아홉 가지 이유로 제시한 내용을 다시 살펴보라. 자신의 주변 어디에서 그런 일들이 일어나고 있는가? 그 가운데서 자신이 가장 큰 유혹을 느끼는 것은 무엇인가?

4. 그리스도의 오심으로 십계명이 어떻게 변화되었는가? 다음의 성경구절은 그런 변화를 어떻게 나타내고 있는가?
   - 마태복음 17장 5절
   - 빌립보서 2장 10-11절
   - 디모데전서 2장 5절
   - 히브리서 13장

5. 저자는 영적 상태를 진단할 수 있는 네 가지 질문을 제시했다. 각각의 질문에 대답해 보라. 자신의 대답이 하나님께 드려야 할 네 가지 일(경배, 신뢰, 기도, 감사)과 잘 부합하는가?

2.

하나님께서 기뻐하시는 예배를 드려라

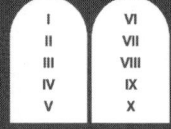

너를 위하여 새긴 우상을 만들지 말고 또 위로 하늘에 있는 것이나
아래로 땅에 있는 것이나 땅 아래 물속에 있는 것의 어떤 형상도 만들지 말며
그것들에게 절하지 말며 그것들을 섬기지 말라.
나 네 하나님 여호와는 질투하는 하나님인즉 나를 미워하는 자의 죄를 갚되
아버지로부터 아들에게로 삼사 대까지 이르게 하거니와
나를 사랑하고 내 계명을 지키는 자에게는 천 대까지 은혜를 베푸느니라

출애굽기 20:4-6

신약성경에는 바울이 아덴(Athens)이라는 큰 도시를 방문한 기록이 나온다. 옥스퍼드(Oxford)나 케임브리지(Cambridge)나 보스턴(Boston)처럼 아덴은 오랜 역사와 학문으로 문화에 크게 공헌한 지성적인 도시로 유명했다. 아덴은 헬라의 영광으로 일컬어졌다.

그런 수준 높은 도시를 방문한 바울은 과연 어떤 반응을 보였을까? 그 뛰어난 지성에 깊은 인상을 받았을까? 그곳의 건축물에 온통 넋을 빼앗겼을까? 그곳의 음식에 놀랐을까? 사도행전 17장 16절은 "바울이 … 그 성에 우상이 가득한 것을 보고 마음이 격분하여"라고 말씀한다. 나중에 그는 아덴 사람들에게 "아덴 사람들아, 도처에 신전과 형상이 가득하고, 곳곳에서 종교의식이 거행되고 있는 것을 보니 범사에 종교심이 많도다. 너희는 예배를 드리고 있지만 너희의 예배는 잘못되었다."라고 말했다(행 17:22-23 참조). 이것이 바울이 격분한 이유였다. 그는 그들이 겉으로 아무리 영적이고, 아무리 현명하고, 아무리 진지해 보여도 하나님을 전혀 기쁘시게 하지 못하는 방식으로 그분을 예배하고 있다는 사실을 똑똑히 볼 수 있었다.

십계명의 제1계명이 거짓 신을 예배하는 것을 금지한다면 2계명은 하나님을 그릇된 방식으로 예배하는 것을 금한다. 아덴 사람들은 두 가지 계명을 모두 어겼다. 그들은 예수님을 죽은 자 가운데서 다시 살리신 하나님으로 알지 못했고, 그들의 종교는 참되신 하나님이 요구하시는 종교가 아니었다.

자의적인 예배

좀 더 일반적으로 말하면 십계명의 제2계명은 자의적인 예배, 곧 하나님께서 요구하시는 방식이 아니라 우리가 선택하는 방식에 따라 예배드리는 것을 금한다. 2계명이 금지하는 것은 다음의 두 가지다.

1. 어떤 형태로든 하나님을 나타내는 형상을 만들어서는 안 된다.
2. 어떤 형상도 예배해서는 안 된다.

물론 2계명은 예술이나 미술, 또는 심미적인 요소들을 단죄하지 않는다. 성막에는 천사들과 종려나무의 형상이, 언약궤에는 그룹의 형상이 새겨져 있었다. 하나님은 브살렐과 오홀리압에게 성령을 주어 그들을 솜씨가 뛰어난 예술가와 장인으로 만드셨다. 하나님은 아름다움을 싫어하지 않으신다. 하나님의 뜻은 어떤 물체든 영적 효력을 지닌 것으로 간주하지 말라는 것이다. 다시 말하면 인간이 만든 예술품이 하나님을 나타내거나 그분께로 더 가까이 다가가게 하거나 그분과 교통할 수 있게 하는 것처럼 생각하지 말라는 것이다.

구약성경에는 하나님의 백성이 인간이 만든 예술품을 자의적인 숭배의 대상으로 삼은 사례가 많이 기록되어 있다. 금송아지가 가장 대표적인 경우다. 이스라엘 백성은 그것이 자기들을 애굽에서 건져 낸 신이라고 외쳤고, 아론은 그것을 기리기 위해 "여호와의 절일"을 선포했다(출 32:4-5).

이스라엘 백성은 바알을 예배하지 않았다. 그들은 그들의 하나님 여호와를 예배하려고 노력했다. 하지만 그들은 그릇된 예배 방식을 적용함으로써 십계명의 제2계명을 어겼다.

또한 이스라엘 백성은 종교적인 상징물을 마치 그것이 진정한 종교적 능력을 소유한 것처럼 다루었다. 언약궤를 부적처럼 여긴 것이나(삼상 4:1-11), 성전 자체를 축복의 원천으로 생각한 것도(렘 7:1-15) 십계명의 제2계명을 어기는 일이었다. 우리의 경우는 교회 건물이나 강단이나 목에 건 십자가를 그런 식으로 생각할 소지가 있다.

다른 십계명과 마찬가지로 2계명도 이해하기가 그리 어렵지 않다. 계명의 내용은 그 자체로 분명하고, 그 이유와 방법에 관해서는 약간의 설명이 필요하다. 따라서 나는 십계명의 제2계명이 주어진 이유와 그것을 우리 삶에 적용하는 방식을 각각 다섯 가지씩 제시하고 싶다. 그러나 2계명을 직접 살펴보기 전에 먼저 짚고 넘어가야 할 한 가지 측면이 있다.

죄와 영혼

아버지의 죄가 자녀들에게 미친다는 출애굽기 20장 5절 말씀을 어떻게 이해해야 할까? 이 경고의 말씀은 구약성경의 다른 곳에도 여러 차례 반복되었다(출 34:6-7; 민 14:18; 렘 32:18). 이것은 무슨 의미일까?

이것은 대물림되는 저주나 악한 마법이나 사악한 영적 세력에 시달리게 될 것을 의미하지 않는다. 또한 이것은 정직한 자녀가 악한 아버지의 죄 때문에 부당한 고통을 당할 것이라는 의미도 아니다. 이 말씀이 그런 식으로 흔히 오해되는 까닭에 에스겔 18장 말씀이 주어진 것으로 보인다. 에스겔 18장 20절은 "범죄하는 그 영혼은 죽을지라. 아들은 아버지의 죄악을 담당하지 아니할 것이요 아버지는 아들의 죄악을 담당하지 아니하리니"라고 말씀한다. 하나님은 의로운 자녀에게 "아이야, 너는 운이 나쁘구나. 네 아버지가 사악하니 너도 사악해지게 놔두겠다."라고 말씀하지 않으신다. 에스겔서는 2계명을 그런 식으로 이해하도록 허용하지 않는다.

그렇다면 이 경고의 말씀은 무슨 의미일까? 이것은 부모와 조상들의 악한 전철을 되풀이하는 사람들에 대한 하나님의 심판을 가리킨다. 출애굽기 20장 5절을 주의 깊게 살펴보라. 하나님은 "나를 미워하는 자의 죄를 갚되 아버지로부터 아들에게로 삼사 대까지 이르게 하거니와"라고 말씀하셨다. 아버지의 죄를 본받는 자녀들은 그들처럼 징벌을 당하게 될 것이다. 에스겔은 아버지의 죄를 본받지 않으면 그처럼 징벌을 당하지 않을 것이라고 가르쳤다. 출애굽기 20장 5절은 아버지처럼 죄를 짓는 자녀는 아버지처럼 징벌을 당할 것이라는 뜻이다. "아버지가 가르쳐 준 대로 했을 뿐입니다."라는 변명은 통하지 않는다. 성장 환경이나 문화나 개인적인 배경에 불순종의 책임을 전가할 수 없다. 후대의 자손이 선조들로부터 배운 죄를 그대로 되풀이할 경우에는 하나님의 징벌을 피할 수 없다. 이것이 이 경고의 말씀에 담긴 의미다.

경고와 함께 약속이 주어졌다는 사실을 잊어서는 안 된다. 하나님은 자기를 사랑하는 자들에게 천대까지 은혜를 베푸신다. 이것을 정확한 수학 공식처럼 이해하여 모세의 복종으로 인해 그의 후손이 천대가 지난 후에 저절로 거룩해지는 것처럼 생각해서는 안 된다. 하나님을 미워하는 자들에게는 징벌의 경고가 주어졌고, 그분의 계명을 지키는 자들에게는 충실한 사랑이 약속되었다.

하나님과 같은 분은 없다

그러면 이제 십계명의 제2계명을 직접 살펴보자. 하나님께서 형상이나 자기를 나타내는 것을 예배하는 행위를 금지하신 이유는 다음과 같다.

첫째, **하나님은 자유로우시다.** 하나님을 나타내는 것을 소유하거나 마치 그것을 하나님으로 여겨 예배하는 행위는 그분의 자유를 훼손한다. 형상을 지니고 다니면서 하나님이 나와 함께 계신다고 생각하거나, 종교의식으로 하나님을 마음대로 다룰 수 있다고 생각하거나, 특정한 말로 기도를 드리거나 새겨서 만든 형상 앞에 제물을 드리기만 하면 그분의 축복을 받을 수 있을 것이라고 생각하는 것은 결코 옳지 않다.

하나님을 가시적으로 나타내기 위해 무엇을 만들거나 무엇인가를 보면서 그것이 하나님이라고 생각하는 행위는 그분의 자유를 훼손하는 것이다. 하나님은 영이시다. 그분은 육체가 없으시다(요 4:24). 우리에게는 보이지 않는 하나님을 보이게 만들 권한이 없다.

둘째, 하나님은 질투하신다. 어떤 형상도 하나님의 영광을 빼앗을 수 없다. 인간이 하나님을 나타내기 위해 만든 것은 그것이 무엇이든 하나님보다 무한히 열등하기 때문에 그분의 질투를 촉발시킬 수밖에 없다. 남편이 순결하고 순수할수록 아내의 간통 행위에 대한 질투심을 더욱 크게 드러내기 마련이다. 하나님은 지극히 순결하시기 때문에 다른 존재와 자신의 영광을 나누어 가지려고 하지 않으신다(그 존재가 유일하신 참하나님을 아무리 진지하게 나타내려고 노력한 것이라도 결과는 마찬가지다). 하나님은 스스로 존재하신다. 아니, 그분은 존재 자체이시다. 그분의 영광은 그림이나 형상이나 형태로 나타낼 수 없다. 이것이 요한계시록에서 보좌에 앉으신 이에 대한 환상을 묘사할 때 '번개, 무지개, 깃발, 바다, 불, 등불, 보좌'와 같은 시각적인 비유들이 사용된 이유다.

고대 근동의 세계는 모든 것을 신성시했다. 그와 달리 이스라엘 민족은 시간이나 대지나 달이나 별 등 그 무엇도 신성시하지 않았다. 하나님과 피조세계를 엄격하게 구분하는 것이 성경적인 기독교의 특징이다. 그 간격을 메우려는 인간의 시도는 무엇이든 불가능한 시도일 뿐 아니라 하나님의 절대적인 권위를 모욕하는 것이다.

셋째, **믿음은 들음에서 나온다.** 성경은 우리가 이 세상에 있는 한 들음으로써 본다고 가르친다. 신명기를 통해 분명하게 드러난 대로 시내산의 경험은 하나님의 자기 계시의 전형을 보여 준다. 모세는 하나님이 산 위의 불길 가운데서 이스라엘 백성들에게 나타나신 때를 언급하며 "너희가 그 말소리만 듣고 형상은 보지 못하였느니라"(신 4:12)라고 말했다. 이스라엘 백성은 아무 형상도 보지 못했기 때문에 보이는 형상을 만들어 스스로를 부패하게 만드는 행위를 자제해야 했다(신 4:15-17).

우리는 말씀이신 주님과 성경을 중심으로 하는 믿음을 스스로 폄하할 필요가 없다. 믿음은 들음에서 나온다(롬 10:17). 그것이 하나님께서 선택하신 방법이다. 하나님은 그런 식으로 자신을 나타내기로 결정하셨다.

기독교의 예배는 화려한 시각적 연출이 아니라 말씀으로 이루어진다. 만일 하나님께서 예배 중에 그분을 볼 수 있게 하려고 의도하셨다면 시내산에서 그런 식으로 자신을 나타내지 않으셨을 것이다. 하나님이 십계명을 주기 위해 스스로를 '나타내신' 방식은 십계명을 지키는 방식과도 밀접한 관계가 있다.

넷째, **하나님께서 친히 자신의 중보자를 세우신다.** 하나님의 백성이 역사적으로 여러 가지 형상과 상징물을 사용해 온 이유는 대리석 흉상과 같은 것으로 하나님을 나타낼 수 있다고 생각했기 때문이 아니라 그것들을 그분께 좀 더 가까이 다가가기 위한 수단으로 삼기 위해서였다. 하나님이 하늘에 계신다면 당연히 이 세상에서는 무엇인가 그분께 나아갈 수 있는 통로가 필요하다. 그러나 하나님의 백성은 좀 더 신중해야 한다. 구약 시대의 성도들은 스스로 매개물을 만들 필요가 없었다. 하나님께서 친히 선지자와 제사장과 왕이라는 중보자들을 세우셨다. 하나님은 그분의 방식으로 자기 백성에게 가까이 다가가셨고, 그런 과정은 세 가지 직임을 모두 맡아 우리 안에 거하실 마지막 중보자를 통해 절정에 달했다(요 1:14).

다섯째, **우리가 하나님의 형상을 만들 필요가 없다.** 왜냐하면 하나님께서 이미 그분 자신의 형상을 만드셨기 때문이다. 창세기 1장 26-27절에는 엄청난 의미가 함축되어 있다. 우리 자신이 하나님을 나타내기 위해 만들어진 형상이다. 우리는 하나님의 형상과 모양대로 창조되었다. 그러므로 우상 숭배는 하나님은 물론 우리 자신의 가치를 떨어뜨리는 행위다. 에스겔 18장 11-13절은 수평적인 차원에서 이웃에 대한 죄를 열거하면서 그 사이에 우상 숭배를 언급했다. 왜 그랬을까? 그 이유는 다른 사람들을 그릇 대하는 것과 우상을 숭배하는 것이 똑같이 하나님의 형상을 훼손하는 행위이기 때문이다. 우리는 하나님의 형상이 존재하지 않는 곳에서는 그분의 형상을 찾고(우상 숭배), 그분의 형상이 존재하는 곳에서는 그분의 형상을 무시한다(이웃에 대한 죄). 우리는 이 세상이 하나님의 것임을 보여 주는 그분의 형상이다. 따라서 그분은 우리가 형상들을 더 만들기 원하지 않으신다. 그분은 단지 우리의 증거를 요구하실 뿐이다.

오늘날의 적용

지금까지 십계명의 제2계명을 지켜야 하는 이유를 살펴보았다. 이번에는 2계명을 지키는 방법을 다섯 가지로 나눠 생각해 보자.

첫째, 실제로든 상상으로든 하나님의 형상을 만들지 않도록 주의하라. 앞서 살펴본 대로 십계명의 제2계명은 단지 겉으로 명백하게 드러난 바알 숭배만을 금지하지 않는다. 그것은 보이지 않는 하나님의 자유와 질투심을 강조한다. 그러므로 피조물에 신성이나 영적 효력을 부여하지 않도록 주의해야 한다. 물론 '아기 예수님의 탄생을 묘사한 성탄절 세트'나 천사 장식이나 벽에 걸린 성화를 모두 버릴 필요는 없다. 그러나 형상 앞에서 무릎을 꿇거나 거기에 입을 맞추는 것은 물론 그림이나 상징물을 사용해 기도하는 행위는 일체 삼가야 한다.

과거에 하던 식으로 예배(worship)와 숭배(veneration)를 구별하는 것은 유익하지 못하다. 이스라엘 백성이 금송아지는 예배의 대상이 아니라 단지 숭배의 대상일 뿐이라고 말했다고 상상해 보라. 하나님은 그와 같이 왜곡된 논리를 용납하지 않으신다. 종교개혁자들이 말한 대로 사람들의 말이 아니라 그들의 행위를 살펴야 한다. 형상이나 유물이나 상징물에 절하거나, 그것이 하나님께로 우리를 가까이 나아가게 한다고 생각하는 것은 십계명의 제2계명을 어기는 것이다.

또한 우리는 마음속으로 하나님의 형상을 만들지 않도록 주의해야 한다. 물론 그리스도께서 선한 목자시라는 성경말씀을 읽고, 머릿속으로 목자의 형상을 떠올리는 것은 아무 문제가 되지 않는다. 그러나 일부 복음주의 진영에서 하나님이 내게로 달려오시는 모습을 상상해 보라는 말이나 눈을 감고 하나님이 팔로 나를 감싸 안으시는 모습을 생각해 보라는 말이 오가는 것은 잘못이다. 하나님의 사랑을 따뜻한 포옹에 빗대거나, 하나님을 탕자를 맞이하기 위해 달려가는 아버지에 견주고 싶은 생각이 들더라도 보이지 않는 하나님을 구체적으로 형상화하는 것은 바람직하지 않다. 그런 일은 상상 속에서도 이루어지면 안 된다. 『웨스트민스터 대요리문답』이 가르치는 대로, 십계명의 제2계명은 "성삼위 하나님 전부나 그중 어느 한 분을 마음의 생각으로나 피조물의 형상이나 모양으로 나타내는 것"을 금지한다.[1]

둘째, **다른 사람들의 우상 숭배를 거들지 말라**. 십계명의 제1계명은 "네게 두지 말라"는 말로 소유를 나타냈고, 2계명은 "만들지 말라"는 말로 제작 행위를 나타냈다. '만들다'라는 말에 "너를 위하여"라는 말이 덧붙여진 것으로 보아 개인적인 우상 숭배를 염두에 둔 의미로 생각할 수 있지만 다른 사람들이 사용할 수 있는 우상을 제작하는 행위도 아울러 고려해야 마땅하다. 우상 숭배가 금으로 만든 상징물을 숭배하는 것과 같은 노골적인 형태를 띠지 않고 좀 더 은밀한 형태로 존재하는 상황에서는 혹시라도 살아계신 참하나님을 예배하는 것을 방해할 수 있는 물건이나 용역을 생산하거나, 팔거나, 광고하거나, 선전하고 있지 않은지 신중하게 살펴야 한다.

---

[1] Westminster Larger Catechism, *The Westminster Confession of Faith and Catechism with Proof Texts* (Lawrenceville, GA: Christian Education & Publications Committee, 2007), n.p.

셋째, '예배 모범'의 지혜를 따르라. 나는 개혁주의 교회에서 성장했지만 신학교에 가기 전까지만 해도 다른 많은 그리스도인처럼 예배의 모범에 대해 아무런 말도 들어 보지 못했다. 그리고 예배의 모범에 항상 많은 관심을 기울이지도 못했다. 그러나 세월이 흐르면서 차츰 예배 모범의 가치를 좀 더 깊이 이해하게 되었다.

간단히 말해 예배 모범은 "참하나님을 올바로 예배하는 방식은 하나님께서 친히 제정하셨기 때문에 그분의 계시된 뜻에 의해 규정된다"고 가르친다.[2]

공중예배는 성경에 근거하여 적합하다고 판단된 요소들로만 구성되어야 한다. 예배의 모범은 "하나님께서 예배 받기 원하시는 대로 그분을 예배하자"는 의미를 지닌다. 『하이델베르크 요리문답』의 말을 빌리면 십계명의 제2계명은 "어떤 식으로든 하나님의 형상을 만들거나 그분이 말씀으로 명령하신 것과 다른 방식으로 그분을 예배하는 일은 절대로 하지 말아야 한다"고 가르친다.[3]

예배의 모범은 신자들 사이에서 끊임없는 갈등과 의심을 야기하는 부작용이 없지 않지만 그 중심에는 규제가 아닌 자유(세상 풍조에 휩쓸리는 것으로부터의 자유, 매주 새로운 것을 계발해야 한다는 중압감으로부터의 자유, 인간이 만든 개념과 취향으로부터의 자유)가 있다. 예배의 모범을 따르면 하나님을 예배할 때 무엇이 그분을 기쁘시게 하는지 추측할 필요가 없고,

---

[2] Westminster Confession of Faith, 21.1. *The Westminster Confession of Faith and Catechism with Proof Texts.*
[3] Heidelberg Catechism, question and answer 96, *Ecumenical Creeds and Reformed Confession* (Grand Rapids, MI: Faith Alive, 1988).

하나님께서 말씀으로 명령하신 대로 그분을 예배함으로서 십계명의 제2계명을 실천에 옮길 수 있다.

넷째, 단지 하나님의 백성이 원하는 것이 아니라 그들에게 필요한 것을 제공함으로써 그들의 무지를 일깨우라. 종교개혁이 일어나자 말씀이신 주님과 성경 중심의 예배가 유럽 대륙을 장악했다. 그 당시 형상들이 평신도를 가르치는 책과 같다면서 그것을 정당화했던 일부 종교 지도자들이 있었다. 그들은 "사람들은 글을 읽을 줄 모른다. 그들은 복잡한 교리를 이해하지 못한다. 하지만 그들은 상징물과 형상과 채색 유리를 통해 기독교 신앙에 관해 배울 수 있다"고 주장했다. 그러나 종교개혁자들은 "그렇다면 우리는 사람들을 교육해야 한다"고 말했다. 그들은 볼거리를 만들어 꾸밀 것이냐, 사람들을 교육할 것이냐를 선택해야 할 상황에서 단호히 후자를 선택했다.

오늘날의 상황은 그때와 다르지만 원리는 여전히 동일하다. 많은 기독교 지도자가 사람들의 필요 욕구를 중심으로 예배를 구성하려고 노력한다. 그들은 매주 다채로운 행사를 마련하느라 많은 예산을 쏟아붓는다.

동기의 순수 여부를 떠나 하나님은 재미있는 오락이 아닌 건설적인 교육을 통해 신자들을 육성하기 원하신다. 사람들이 실제보다 더 많이 알고 있다고 생각하거나, 우월감을 가지고 고상한 척하거나, 또 항상 '사람들이 원하는 것에 맞추려고 애쓸 필요'는 없다. 예배를 위한 하나님의 계획은 항상 반문화적이다. 말씀은 사람들을 인도하는 수단이자 그들이 도달해야 할 목적이다. 따라서 인내심을 가지고 성경의 진리를 하나씩 신중하게 가르치는 방식을 선택해야 한다. 왜냐하면 태초에 연극이나 그림이나 행사가 아닌, 말씀이 있었기 때문이다(요 1:1).

다섯째, **십계명의 제2계명을 성취하신 그리스도를 바라보라.** 사려 깊은 그리스도인들 사이에서 그리스도의 성육신이 2계명을 지키는 방법을 어떻게 변화시켰는지에 대해 여러 가지 의견이 엇갈린다. 어떤 사람들은 예수님이 2계명을 '어긴' 결과를 낳았다고 주장한다. 그분이 보이지 않는 하나님을 보이게 만드셨다는 이유에서다. 따라서 이제는 예수님의 형상을 그리거나 그 그림을 우리 자녀들에게 보여주어도 상관없다고 한다. 나는 그런 주장에 어느 정도 공감할 뿐 아니라 예술적으로 훌륭하게, 혹은 어설프게 예수님의 형상을 단순히 그림으로 묘사하는 행위와 그분처럼 보이는 형상을 만들어 그것을 예배의 대상으로 삼아 마음을 기울이는 행위에 분명한 차이가 있다는 말에 동의한다. 하지만 기본적으로는 보이지 않는 하나님을 보이지 않는 대로 섬기는 것이 십계명의 제2계명을 존중하는 것이라고 생각한다.

우리는 사실 예수님께서 어떻게 생기셨는지 모른다. 성경은 그분의 외모를 자세하게 묘사하지 않는다. 그러나 서구인들 중에는 예수님을 긴 머리와 툭 튀어나온 광대뼈와 먼 곳을 응시하는 눈을 가진 게르만인처럼 생각하는 사람이 많다. 그 이유는 우리가 예수님을 그런 모습으로 묘사한 그림과 초상화와 영화를 너무 많이 보았기 때문이다.

예수님의 외모에 관한 우리의 신념과 상관없이 무엇보다도 그리스도께서 독특한 방식으로 십계명의 제2계명을 성취하셨다는 사실을 기억하는 것이 중요하다.

그분은 성부 하나님을 제자들에게 나타내셨다(요 14:9). 그리스도를 보는 것은 곧 시내산에서 볼 수 없었던 하나님의 얼굴을 보는 것이었다. 예수님은 불가능해 보이는 일을 이루셨다. 그분은 인간들에게 볼 수 없는 하나님을 볼 수 있는 기회를 허락하셨다.

이것이 성육신의 신비다. 그림이나 형상이나 상징물은 필요하지 않다. 우리의 상징물은 그리스도다. 그분은 보이지 않는 '하나님의 형상'(eikon, 에이콘)이시다(골 1:15).

질문과 적용

1. 사도행전 17장 16-33절을 읽고 다음의 질문에 답하라.
   - 아덴 사람들에게서 무엇을 발견했는가?

   - 바울은 그들의 종교적 신념에 대해 어떤 문제를 제기했는가?

   - 그들은 십계명의 제1계명과 2계명을 어떻게 어겼는가?

2. 저자는 십계명의 제2계명은 '자의적인 예배'를 금한다고 말했다. 무엇이 자의적인 예배이고, 무엇이 자의적인 예배가 아닌가? 출애굽기 32장의 금송아지로 미루어 볼 때 십계명의 제2계명이 금하는 것은 무엇인가?

3. 에스겔 18장 1-18절은 십계명의 제2계명에 딸린 저주의 말씀에 대한 오해를 어떻게 바로잡아 주는가?

4. 저자는 하나님께서 형상을 금하신 이유를 다섯 가지로 제시했다. 그 다섯 가지는 무엇인가? 그중에서 어떤 이유가 당신의 마음에 가장 크게 와 닿는가?

5. 저자는 십계명의 제2계명을 지키는 다섯 가지 방법을 제시했다. 그중 당신이 지키기에 가장 어려운 것은 무엇인가?

3.

무엇을 하든, 여호와의 이름을 높여라

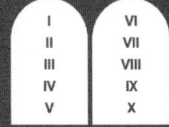

너는 네 하나님 여호와의 이름을 망령되게 부르지 말라
여호와는 그의 이름을 망령되게 부르는 자를 죄 없다 하지 아니하리라

출애굽기 20:7

나의 원수는 당신의 이름뿐이에요.

몬터규(Montague) 사람이 아니더라도 당신은 당신일 뿐이에요.

몬터규가 무엇인가요?

손도 아니고, 발도 아니고. 팔도 아니고, 얼굴도 아니고

사람의 몸에 속한 그 어떤 부분도 아니에요.

아, 어떤 다른 이름이 되세요!

이름 속에 무엇이 있는 것인가요?

장미를 다른 어떤 이름으로 일컫더라도

향기로운 냄새는 변함이 없지요.

그러니 로미오는 로미오라고 불리지 않더라도

그가 가진 사랑스러운 속성은 그대로 유지되는 거예요.

그 이름이 없어도 말이죠.

로미오, 당신의 이름을 버리세요.

그리고 당신의 일부가 아닌 그 이름 대신
나를 받아 주세요.

셰익스피어(Shakespeare)의 유명한 희곡 『로미오와 줄리엣』(Romeo and Juliet)에 나오는 대사다.[1] 서로 원수지간인 가정에서 태어난 탓에 사랑을 이룰 수 없었던 불행한 두 연인에 관한 이야기다. 로미오는 몬터규 가문의 후손이었고, 줄리엣은 캐플릿(Capulet) 가문의 후손이었다. 그들이 다른 가문의 이름으로 불릴 수 있었다면 자유롭게 사랑하며 함께 살 수 있었을 것이다.

그러나 로미오와 줄리엣이 경험한 대로 이름은 그렇게 쉽게 버릴 수 있는 것이 아니다. '이름 속에 무엇이 있는가?' 우리가 생각하는 것보다 훨씬 더 많은 것이 있다. 장미는 어떤 이름으로 일컫더라도 향기로운 냄새를 풍기지만 만일 '시체꽃'이나 '허파사마귀'라는 이름으로 불려도 과연 지금처럼 인기가 있을지 궁금하다.

부모들은 자녀들이 태어났을 때 처음 하는 일(이름을 지어 주는 일)이 자신들이 그들을 위해 해 줄 수 있는 가장 중요한 일 가운데 하나라고 생각한다. 그들 대부분은 매우 진지한 태도로 그 책임을 이행한다. 족보와 가족의 역사를 살펴보고, 두꺼운 작명록을 열심히 들여다보며, 인터넷을 통해 최근에 가장 인기 있는 이름이 무엇인지 찾아보고, 아무도 들어 본 적 없는 특이한 이름을 찾기 위해 성경을 샅샅이

---

1) Act 2, scene 2. 『로미오와 줄리엣』 전체를 살펴보려면 다음의 사이트를 참조하라. http://shakespeare.mit.edu/romeo_juliet/full.html.

뒤지며, 혹시 자녀들의 이름이나 이름의 머리글자가 다른 사람들의 웃음거리가 되지는 않을까 세심하게 점검한다. 그만큼 우리에게 이름은 대단히 중요하다.

아내와 나는 자녀를 많이 낳았다. 그런 경우에는 아이가 새로 태어날 때마다 이름을 짓기가 좀 더 어려울 수 있다. 예를 들어 우리에게는 제이콥(Jacob, 야곱)이라는 이름을 가진 아들이 있다. 따라서 에서(Esau)라는 이름은 고려조차 할 수 없다. 우리는 사실 조셉(Joseph, 요셉)이라는 이름을 좋아했지만 결국 벤저민(Benjamin, 우리 집 여섯째)을 선택했다. 왜냐하면 메리(Mary, 마리아)라는 이름을 가진 딸이 있었기 때문이다. 두 자녀의 이름을 '메리와 조셉'(마리아와 요셉)으로 부르는 것은 아무리 목회자의 가정일지라도 조금 부담스러운 일이 아닐 수 없다. 피터(Peter, 베드로)라는 이름도 생각해 봤지만 이미 폴(Paul, 바울)이라고 지은 자녀가 있었다. 자녀들의 이름을 피터(베드로), 폴(바울), 메리(마리아)로 짓기는 좀 어색하다. 이것이 부모 된 사람이 고민해야 할 문제다. 이름은 우리와 우리 자녀들에게 모두 중요하다.

물론 하나님께도 이름은 매우 중요하다.

이름을 망령되게 부르지 말라

십계명의 제1계명은 거짓 신들을 섬기는 것을 금한다. 이것이 중요한 이유는 굳이 설명할 필요가 없다. 거짓 신을 예배하는 것은 있을 수 없는 일이다. 제2계명은 그릇된 방식으로 하나님을 예배하는 것을 금지한다. 이것도 충분히 이해할 수 있는 일이다. 보이지 않는 하나님은 자신을 보이게 만들거나 보이지 않게 만드는 방법을 스스로 결정할 권리를 가지신다. 처음 두 계명은 매우 기본적인 것이다.

그러나 솔직히 말해 제3계명을 대할 때는 긴장감이 약간 느슨해지는 듯한 느낌이 든다. 다시 말해 "'말을 조심해라. 욕하지 마라. 「하느님 맙소사!」를 함부로 남발하지 않게 조심해라."라는 뜻이로군. 간단하네.'라는 생각이 든다. 십계명의 제3계명은 기본적인 원리라기보다 단지 주위를 환기하는 듯한 말처럼 들린다.

그러나 3계명을 어기는 것을 가벼운 죄로 생각한다면 큰 오산이다. 레위기 24장 16절은 "여호와의 이름을 모독하면 그를 반드시 죽일지니 온 회중이 돌로 그를 칠 것이니라. 거류민이든지 본토인이든지 여호와의 이름을 모독하면 그를 죽일지니라."라고 말씀한다. 이것이 이스라엘의 율법이다. 오늘날에는 공개 처형은 없지만 교회의 권징이 주어진다(고전 5:9-13). 레위기의 율법은 이 죄의 중대성을 여실히 보여준다. 심지어 거류민들도 징벌을 당했다. 이스라엘을 방문한 사람이든 그곳에서 태어난 사람이든 모두가 하나님의 이름은 거룩하고, 어떤 상황에서도 그 이름을 모독해서는 안 된다는 사실을 알아야 했다.

무엇을 금하는가?

십계명의 제3계명은 정확히 무엇을 금지할까? "망령되게"는 '헛되이', '이유 없이', '무가치하게', '무익하게'를 의미한다.

하나님의 이름을 악하거나 무가치하거나 그릇된 목적으로 사용해서는 안 된다. 물론 하나님의 이름을 전혀 언급하면 안 된다는 뜻은 아니다. "여호와"라는 이름은 구약성경에 약 7천 회 사용되었다. 그분의 이름을 말하는 것을 미신처럼 생각할 필요는 없지만 오용하는 것은 절대 금물이다.

구약성경은 십계명의 제3계명을 어기는 몇 가지 사례를 구체적으로 다루었다. 가장 명백한 위반 행위는 하나님의 이름을 모독하거나 저주하는 것이다(레 24:16). 이것만이 아니다.

십계명의 제3계명은 무엇보다 거짓 맹세를 금지한다. "너희는 내 이름으로 거짓 맹세함으로 네 하나님의 이름을 욕되게 하지 말라. 나는 여호와이니라"(레 19:12; 호 10:4). 하나님의 이름을 맹세의 수단으로 사용하여 지킬 의도가 없는 헛된 약속을 남발해서는 안 된다.

또한 3계명은 하나님을 대변해 말씀을 전하는 척하거나 거짓 환상을 보았다고 주장하는 행위를 금지한다. 그런 선지자들은 하나님의 이름으로 "거짓을 예언하는" 사람들이다(렘 23:25).

몰록(Molech)이라는 우상에게 자녀를 희생제물로 바치는 행위도 십계명의 제3계명을 어기는 것으로 간주되었다. 그것도 하나님의 이름을 욕되게 하는 행위였다(레 18:21). 이스라엘 백성은 자녀를 우상의 제물로 바치는 사람들을 돌로 쳐 죽여야 했다. 그렇게 하지 않으면 온 이스라엘 백성이 더럽혀지고, 그들 가운데 거하시는 하나님의 이름을 욕되게 만드는 결과가 초래될 수밖에 없다.

'성물'을 함부로 만지는 행위도 십계명의 제3계명을 어기는 것이었다. 레위기 22장 2절은 "아론과 그의 아들들에게 말하여 그들로 이스라엘 자손이 내게 드리는 그 성물에 대하여 스스로 구별하여 내 성호를 욕되게 함이 없게 하라. 나는 여호와이니라."라고 말씀한다. 말라기 선지자 시대의 제사장들도 그릇된 제물과 냉소적인 태도로 하나님의 이름을 더럽히는 죄를 저질렀다(말 1:10-14).

이것이 중죄인 이유는 무엇인가?

이미 살펴본 대로 십계명의 제3계명을 어기는 것은 중죄에 해당했다. 그 이유는 무엇일까? 우리에게는 모두 열 가지 계명이 주어졌다. 하나님께서 우리에게 원하시는 복종의 의무가 단 열 문장 안에 모두 요약되었다. 그 가운데 "네 입을 조심하라"는 계명이 포함된 이유는 무엇일까? 왜 하나님의 이름이 그토록 중요할까?

출애굽기 3장에서 하나님은 불붙은 떨기나무 가운데서 모세에게 말씀하셨다. 모세가 "내가 이스라엘 자손에게 가서 이르기를 너희의 조상의 하나님이 나를 너희에게 보내셨다 하면 그들이 내게 묻기를 그의 이름이 무엇이냐 하리니 내가 무엇이라고 그들에게 말하리이까?"라고 묻자, 하나님은 "나는 스스로 있는 자이니라. … 너는 이스라엘 자손에게 이같이 이르기를 스스로 있는 자가 나를 너희에게 보내셨다 하라"고 대답하라고 말씀하셨다(출 3:13-14). 하나님은 스스로를 주권자이자 자존자로 일컬으셨다. '여호와'라는 히브리 이름은 '존재한다'는 의미다. 하나님은 존재하신다. 그것이 그분의 이름이다.

출애굽기 33장에도 똑같은 일이 되풀이되었다. 모세가 하나님의 영광을 보여 달라고 요구하자 하나님은 "내 모든 선한 것을 네 앞으로 지나가게 하고 여호와의 이름을 네 앞에 선포하리라."라고 그에게 자신의 이름을 말씀하셨다(19절). 하나님의 영광을 본다는 것은 곧 그분의 이름을 듣는 것을 의미했다. 여호와, 곧 자비롭고 은혜로우신 하나님의 이름을 안다는 것은 단지 그분에 관한 정보를 아는 것이 아니라 그분 자신을 아는 것이다(출 34:6-8). 하나님은 자기의 이름으로 자신을 나타내신다.

우리의 이름도 우리의 존재와 결코 무관하지 않다. 이름은 우리의 특징을 드러내고, 우리의 신원을 밝힌다. 세월이 지나면서 사람들이 우리를 알게 되면 우리의 이름이 곧 우리의 정체성으로 굳어진다. 자녀나 손자나 부모나 친구나 배우자 등 우리가 깊이 사랑하는 사람들을 생각해 보자. 그 사람의 이름은 단지 식별을 위한 표식의 의미에 머물지 않는다. 누군가가 트리샤(Trisha)라는 이름을 말하면 그 순간 내 안에서는 온갖 좋은 생각과 감정이 솟아난다. 왜냐하면 그 이름과 아내가 일체를 이루고 있기 때문이다. 그 이름을 보거나 들으면 감정과 경험과 기쁨과 욕망이 홍수처럼 밀려든다.

이름은 귀중하기 때문에 우리는 우리의 이름이 비웃음을 받거나 비방을 당하거나 놀림감이 되는 것을 싫어한다. 내 이름은 마구 놀려대기가 쉽지 않은 이름이다. 중간 이름이 '리'(Lee)이기 때문에 더러는 나를 "헤븐리 케빈리"(Heavenly Kevinly)라고 부르는 사람이 있지만 모욕감이 거의 느껴지지 않는다. 내게 붙여진 최악의 이름은 신학교 친구들이 지어준 별명이다. '드영'(DeYoung)은 흔한 네덜란드식 이름이지만 매사추세츠에서는 매우 낯선 이름이었기 때문에 그곳 사람들은 내 성을 '디온'(Dion)으로 착각할 때가 많았다. 그래서 지금까지도 신학교 친구 중 몇 명은 나를 "셀린"(Celine)으로 부른다. 그것은 내가 살아오면서 처음 얻은 별명이다. 내 마음에 쏙 드는 별명은 아니지만 '내 사랑은 영원할 것이다'(My Heart Will Go On, '디온'과 '셀린'이라는 이름을 한데 묶어 '셀린 디온'이 부른 영화 '타이타닉'의 주제가로 자신의 이름에 얽힌 일화를 재미있게 표현한 것 – 역주).

그러나 우스운 별명이 우리에게 주어지는 것과 하나님의 이름을 부적절하게 사용하는 것은 전혀 별개의 문제다. 성경 어느 곳에서든 하나님의 이름은 최상의 표현으로 가장 존귀하게 다루어졌다. "여호와 우리 주여 주의 이름이 온 땅에 어찌 그리 아름다운지요"(시 8:1). "여호와께 그의 이름에 합당한 영광을 돌리며"(시 29:2). 주기도의 첫 번째 간구는 "우리 아버지여 이름이 거룩히 여김을 받으시오며"(마 6:9)였고, 사도들은 "천하 사람 중에 구원을 받을 만한 다른 이름을 우리에게 주신 일이 없음이라"(행 4:12)고 선언했으며, 바울은 로마의 신자들에게 "누구든지 주의 이름을 부르는 자는 구원을 받으리라"(롬 10:13)고 말했다. 이 세상의 역사는 "하늘에 있는 자들과 땅에 있는 자들과 땅 아래에 있는 자들로 모든 무릎을 예수의 이름에 꿇게 하시고 모든 입으로 예수 그리스도를 주라 시인하여 하나님 아버지께 영광을 돌리게"(빌 2:10-11) 할 때 절정에 이를 것이다. 성경이 가르치는 대로 우리는 하나님의 이름이 지닌 중요성을 결코 잊어서는 안 된다.

어떻게 지킬 것인가?

지금까지 십계명의 제3계명이 무엇을 금지하고 있고, 또 하나님께서 그것을 왜 그토록 중요하게 여기시는지 살펴보았다. 이번에는 마지막으로 우리의 삶 속에서 이 계명을 어떻게 지킬 수 있는지에 대해 살펴보자. 우리가 해서는 안 될 일에 초점을 맞춰 이 계명의 적용 방법을 설명하면 다음과 같다. 우리가 하면 안 되는 일은 크게 세 가지다. 즉 하나님의 이름을 거짓되게 하거나, 경박하게 하거나, 위선적으로 사용해서는 안 된다.

위반 행위 1 – 하나님의 이름을 거짓되게 사용하는 것

하나님의 이름을 거짓말이나 남을 속이기 위한 반쪽 진실이나 악의적인 목적과 결부시켜 사용할 때마다 십계명의 제3계명을 어기는 죄를 짓게 된다. 위증이 심각한 범죄인 이유는 "하나님 앞에서 오직 진실만을 말하겠다"는 맹세 아래 이루어지는 것이기 때문이다. 또한 하나님께서 잘못된 일을 저지르셨다는 이유를 들어 그분을 비방하는 것도 그분의 이름을 모독하는 것이다. "나의 하나님, 나의 하나님, 어찌하여 나를 버리셨나이까?"라고 탄식하며 부르짖는 행위가 옳을 때도 있다. 그러나 마치 하나님이 우리에게 죄나 잘못을 저지르신 것처럼 그분께 화를 내거나 그분을 용서하겠다는 식으로 말하는 것은 그분의 사역과 성품을 의문시하는 결과를 초래하여 결국 그분의 이름을 욕되게 한다.

아울러 우리의 생각이나 계획이나 견해에 권위를 부여하기 위해 하나님의 이름을 남용하는 것도 십계명의 제3계명을 어기는 죄에 해당한다.

정치를 예로 들어 보자. 우리가 좋아하는 정책이나 최신의 문화적 논평 따위를 성경이 확실하게 지지한다는 증거를 제시하지도 않으면서 무작정 모든 그리스도인이 우리 자신의 견해에 동의하고 있다고 주장하는 것은 명백한 거짓이다. 그와 마찬가지로 "하나님이 이렇게 하라고 내게 명령하셨습니다."라거나 "하나님은 우리가 이것을 하기 원하십니다."라고 말하는 것도 주의해야 한다. 일부 교파의 신자들은 어떤 결정에 하나님의 권위를 부여하려면 매우 신중해야 하는데도 불구하고 그런 식의 표현을 일상적으로 사용할 때가 많다. 단지 우리가 제안한 생각이 스스로 마음에 든다고 해서 하나님의 이름을 들어 우리의 계획을 뒷받침하려고 시도하는 것은 옳지 않다.

나는 교회를 이끌면서 이 점을 항상 기억하려고 노력한다. 예배당 문제로 기금을 모을 무렵, 우리 교회 장로들은 기존 건물을 구입해서 개조하는 것이 좋다고 생각했다. 우리는 우리의 문제를 부풀려 말하지 않으려고 조심했다. "이 문제를 위해 기도했더니 하나님께서 문을 열어 주셨습니다. 하나님은 우리가 이 건물을 구입하기 원하십니다. 그러려면 교우들 모두가 너그럽게 헌금해야 합니다. 우리가 주님을 따르는 것처럼 교우들도 기꺼이 그분께 복종하겠습니까?"라는 식으로 말하기 쉬웠다. 사실 교회 지도자들은 늘 그런 식으로 말한다. 그러나 그렇게 말하는 것은 바람직하지 않다. 기금을 모으는 일에 함부로 하나님의 권위를 부여할 수는 없다. 우리는 "그동안 하나님께 기도하며 선택 가능한 방법을 충분히 검토했습니다. 그 결과 교우들의 지도자인 우리는 지금이 교회를 이전할 적기라는 데 모두 동의했습니다. 우리가 함께 힘을 합쳐 나간다면 하나님께서 영광을 받으실 것이라고 믿습니다."라는 식으로만 말할 수 있다. 이 두 가지 말의 차이는 미묘하지만 매우 중요하다.

필 라이큰(Phil Ryken)은 이렇게 말했다.

> 우리의 계획을 이루기 위해 하나님의 이름을 사용하는 것은 십계명의 제3계명을 좀 더 심각하게 어기는 행위에 해당한다. 어떤 그리스도인들은 "주님이 내게 이것을 하라고 명령하셨습니다."라거나 더 나쁘게는 "주님이 형제에게 이 일을 하게 하라고 내게 지시하셨습니다."라는 식으로 말한다. 이것은 거짓 예언이다. 하나님은 우리에게 하시려는 말씀을 이미 성경에 모두 기록해 놓으셨다. 물론 성령의 내적 인도하심도 있지만 그것은 단지 말 그대로 내적인 인도하심일 뿐이다. 그것을 하나님의 권위 있는 말씀처럼 제시해서는 안 된다.[2]

인간이 세운 계획이나 결정에 하나님의 절대적인 권위를 부여하는 행위는 십계명의 제3계명을 어기는 것이다. 하나님의 이름은 거룩하

---

[2] Philip Graham Ryken, *Exodus: Saved for God's Glory*, Preaching the Word (Wheaton, IL: Crossway, 2005), 585.

기 때문에 우리의 결정이 아무리 진지하고 중요하다 해도 우리가 임의로 내린 결정에 그분의 이름을 함부로 결부시켜서는 안 된다.

위반 행위 2 - 하나님의 이름을 경박하게 사용하는 것

하나님의 이름을 분별없이 사용하는 것도 십계명의 제3계명을 어기는 죄에 해당한다. 예수님은 "또 기도할 때에 이방인과 같이 중언부언하지 말라. 그들은 말을 많이 하여야 들으실 줄 생각하느니라"(마 6:7)라고 기도를 뜻 없이 반복하는 행위를 금하셨다.

예수님의 말씀은 이제 막 기도를 배우기 시작한 새신자나 어린아이들을 놀라게 하기 위한 것이 아니다. 그들은 처음에는 기도를 잘하지 못한다(신자가 된 지 수년이 지났는데도 기도를 잘하지 못하는 사람도 많다). 예수님의 관심은 세련된 말이 아니라 순결한 마음에 있다. 그분은 우리가 경건한 표현을 많이 사용한 것으로 기도를 잘했다고 생각하지 않기를 바라신다.

이 가르침의 요점은 자랑하려는 기도를 금하는 것이지만 진지함 없이 아무렇게나 드리는 기도에도 똑같이 적용될 수 있다. 예수님은 의미 없는 말만 잔뜩 늘어놓는 것을 원하지 않으신다.

누구나 한 번쯤은 하나님의 이름과 칭호를 무분별하게 사용하는 기도를 들어 본 적이 있을 것이다. 예를 들면 "사랑하는 하나님, 저희가 주님 앞에 왔습니다, 하나님. 주님, 주님은 참으로 놀랍습니다, 아버지여. 아버지께서는 십자가에서 죽으셨습니다, 주님. 우리의 마음을 채워 주시니 주님을 사랑하고 찬양하지 않을 수 없습니다, 성령님."과 같은 기도다. 성삼위 하나님을 구별 없이 마구 언급하고 있을 뿐 아니라 하나님의 이름을 마치 쉼표처럼 사용하고 있다. 좀 더 신중해야 할 필요가 있다.

이런 원칙은 식탁에서나 취침 시간에 자녀들과 함께 기도할 때도 똑같이 적용된다.

나도 전에 그런 죄를 지은 적이 있다. 나는 상황이 정신을 쏙 빼놓을 만큼 어지러울 때는 식사를 할 때나 하루를 마감할 때 몇 마디로 서둘러 대충 기도하는 습성이 있다. 문제는 기도가 짧은 것이 아니다. 기도가 마치 식사를 하기 전이나 평온한 휴식을 취하기 전에 황급히 해치워 버려야 할 일이라도 되는 것처럼 아무 생각 없이 하나님의 이름을 남발하는 것이다. 하나님은 기도할 때 생각과 마음을 차분하게 가라앉히지 못하고 성급하게 구는 부모들보다 잠시도 가만히 앉아 있지 못하는 세 살짜리 어린아이에게 더 많은 인내와 관용을 베푸신다.

주님의 이름을 경박하게 사용하는 것에는 "하나님"이나 "예수 그리스도"를 악담의 의미로 사용하는 행위도 당연히 포함된다. 물론 오늘날의 악담은 구약 시대의 악담과는 조금 다르다. 구약 시대의 악담은 단지 나쁜 습관이 아니라 의도적인 신성 모독에 가까웠다.

그러나 하나님의 이름을 경박하고 부주의하게 사용하는 것은 곧 그분에 대한 우리의 마음가짐을 고스란히 드러낸다. 우리의 창조주요, 구원자요, 재판관이요, 왕이신 하나님, 곧 스스로 존재하시는 우주의 하나님의 이름을 충격이나 분노나 격한 감정을 나타내기 위한 표현으로 사용하는 것은 결단코 온당하지 않다.

　나의 부모님은 항상 그런 잘못을 저지르지 않으려고 조심하셨다. 두 분이 그런 조심성을 지니셨던 것이 너무나 감사하다. 이밖에도 "제기랄!" "아이코!" "맙소사!"("God!" "Gosh!" "Oh my!" 같은 미국의 속어)라는 의미로 하나님이나 예수님의 이름을 사용하는 것도 삼가야 한다. 경우에 따라 어느 정도 한계를 정해 놓고 사용할 수 있겠지만 하나님의 이름을 그렇게 사용하는 것은 바람직하지 않다.

　우리는 하나님 이름의 존엄성을 보호하는 일이 얼마나 중요한지 깊이 의식해야 한다.

　그리스도인들이 홈런을 치는 것에서부터 커다란 주차장에 이르기까지 조금이라도 감탄스러운 일을 볼 때마다 습관적으로 "오, 하나님!"("Oh, my God!")이라고 외치는 것을 볼 때면 그들이 교육을 제대로 받았는지, 아니면 하나님이 어떤 분이신지 몰라서 저러는 것인지 궁금한 생각이 들곤 한다.

　하나님의 이름을 오용하는 행위는 비단 악담만이 아니다. 우리의 야심이나 탐심을 이룰 목적으로 하나님의 말씀이나 이름을 사용하는 것도 잘못이긴 마찬가지다. 하나님의 말씀을 돈벌이 수단으로 삼는 행위, 곧 부자가 되기 위해 기독교 서적을 저술하거나 기독교 집회에서 강연을 하거나 기독교 음악을 하는 것이 그런 경우에 속한다. 만일 하나님의 이름을 재물을 얻기 위한 수단으로 사용한다면 그런 사람들이나 자기 자신을 부끄럽게 생각해야 마땅하다.

　주님의 이름을 농담조로 경박하게 언급하는 것도 부적절하다.

나는 십계명의 제3계명과 관련해 이 문제를 많이 생각해 보았다. 나는 농담도 좋아하고, 웃기도 잘한다. 나는 그리스도인들이 저지르는 어리석은 일이나 교회와 연관된 흔한 잘못을 목격할 때면 얼마든지 웃을 수 있고, 또 그렇게 하는 것이 건강한 일이라고 생각한다.

그러나 하나님의 이름을 농담으로 사용하는 것은 사안이 전혀 다르다. 참으로 두렵게도 하나님을 가운데 두고 스스럼없이 농담을 주고받는 그리스도인들이 적지 않다. 과연 9.11테러나 아우슈비츠를 거론하며 농담을 주고받을 수 있겠는가?

반드시 따로 구별해야 할 일이 있고, 함부로 말해서는 안 되는 일이 있는 법이다. 하나님의 이름도 그런 범주에 속한다.

경박한 농담이나 부적절한 구호에는 "예수 그리스도"라는 이름을 사용해서는 안 된다.

언젠가 낯익은 맥주 광고 문구를 살짝 고쳐 '이 피는 당신을 위한 것'이라는 글귀를 적어 넣은 기독교 티셔츠를 본 기억이 난다. 누군가가 자신의 목적을 이루기 위해 지나치게 요령을 부린 것이 분명하다. 우리가 응원하는 팀이 터치다운을 성공시켰을 때 "할렐루야!"를 외치거나 커피를 쏟았을 때 부자연스러운 웃음을 지으며 "감사해요, 예수님."이라고 말하거나 적합하지 않은 상황에서 고의로 "어린 양을 찬양하라"고 말해 사람들을 웃게 만드는 것처럼 기독교 용어와 표현을 풍자적으로 사용하는 행위도 바람직하지 않기는 마찬가지다. 바보스럽게 보이려면 그런 진지한 말들을 사용하는 것보다 더 좋은 방법이 얼마든지 많을 것이다.

위반 행위 3 – 하나님의 이름을 위선적으로 사용하는 것

하나님의 이름을 거짓되게 사용하고 경박하게 사용하는 것만이 아니라 위선적으로 사용하는 것도 십계명의 제3계명을 어기는 죄에 해당한다. 예를 들어 예배에 대한 우리의 태도를 생각해 보자. 우리는 불완전한 인간이기 때문에 산만해지기 쉽다. 그런 일은 어쩔 수 없이 일어난다. 하지만 그것이 우리가 찬양하거나 기도하는 말에 진심을 담지 않고 아무렇게나 해도 된다는 의미는 결코 아니다.

대학 시절에 나보다 재능이 훨씬 뛰어난 음악 전공자들 대부분으로 구성된 일류 합창단에서 활동한 적이 있다. 우리는 너무나도 아름다운 노래를 불렀고, 그중 대부분은 성경의 진리를 노랫말에 실은 찬양이었다. 그러나 합창단원 중에는 자기들이 부르는 노랫말에 아무런 관심이 없을 뿐 아니라 심지어 우리가 찬양하는 진리들을 거부하기까지 하는 사람이 많았다. 그들은 찬양을 거룩한 음악이 아닌 예술로 생각했다. 그러나 노랫말은 엄연한 노랫말이다. 진심이 담기지 않은 노래는 부르면 안 된다.

또한 진정으로 "하나님께서 여러분을 축복하시고, 미국을 축복하시기 바랍니다."라고 말하는 정치인이 얼마나 될지도 궁금하다. 겉으로는 순수한 마음으로 종교적 감정을 실어 말한 것처럼 들리지만 유권자들의 환심을 사려는 목적으로 하나님의 이름을 경박하게 거론하는 것은 옳지 않다. 주님의 이름을 형식적으로나 상투적으로 사용해서는 안 된다.

더 중요한 것은 그리스도인이라는 우리의 이름을 더럽히는 행위를 해서는 안 된다는 것이다. 그런 행위는 죄다. 하나님의 거룩한 이름으로 일컬어지는 사람에게 합당한 방식으로 행동하고, 생각하고, 느끼고, 말해야 한다. 이것이 하나님이 에스겔 36장에서 이스라엘 백성들에게 자신이 그들을 대신해서 자신의 거룩한 이름을 위해 나설 것이고, 그들이 주변 민족들 가운데서 더 이상 자신의 이름을 더럽히지 못하게 하겠다고 거듭 말씀하신 이유다(16-23절). 또한 하나님은 역대하 7장 14절에서 자기의 이름으로 일컬어지는 사람들의 기도를 들어주겠다고 약속하셨다.

우리는 그리스도의 이름을 짊어진 것에 뒤따르는 특권과 책임을 잊어서는 안 된다. 때로 "나는 예수님을 따르는 사람입니다." "나는 메시아의 제자입니다." "나는 예수님의 사람입니다." "나는 '그 길'을 따르는 사람입니다."라는 식으로 말하는 그리스도인들을 보게 된다. 그들은 '그리스도인'이라는 표현을 사용하기를 꺼린다. 나는 그 이유를 익히 짐작할 수 있다. 그리스도인이라는 용어는 여러모로 부담스러울 수 있다. 하지만 그것은 우리의 성(姓)과 같다. 그것은 우리가 하나님께서 기름 부으신 자와 하나로 연합했다는 사실을 보여 주는 이름이다. 우리는 '그리스도인'이라는 이름을 부끄러워해서도 안 되고, 성삼위 하나님의 이름으로 세례를 받았다는 사실을 부끄러워해서도 안 된다. 세례는 일종의 작명 의식이다. 세례는 우리가 성부와 성자와 성령으로 존재하시는 유일한 참하나님께 속하게 되었다는 증표다. 따라서 세례 받은 그리스도인이 하나님의 이름을 지니고 있지 않은 것처럼 사는 것은 십계명의 제3계명을 어기는 것이다.

가장 나쁜 것은 우리 자신의 위선이다. 우리 중에는 위선적인 사람이 있다. 교회에 나가고, 찬양을 부르고, 올바른 말을 하지만 실제 삶은 그렇지 못하다. 우리가 하나님의 거룩하신 이름으로 일컬어지는 백성이라면 그분이나 그분의 영광과 아무런 관계도 없는 것처럼 살면서 그분의 이름을 더럽히지 않도록 각별히 주의해야 한다.

십계명의 제3계명의 의미를 잘 요약한 내용을 원한다면 긍정적인 표현으로 우리 모두에게 요구되는 일을 권하고 있는 신약성경의 한 구절을 기억하라. 그 구절은 "무엇을 하든지 말에나 일에나 다 주 예수의 이름으로 하고 그를 힘입어 하나님 아버지께 감사하라"(골 3:17)고 말씀한다.

그리스도인답게 살고, 그 이름에 걸맞게 모든 것을 말하고 행하면 십계명의 제3계명을 지킬 수 있다. 무엇을 하든지 그리스도 안에서, 그리스도를 위해, 그리스도를 통해 해야 한다. 그래야만 우리가 그분의 이름을 사랑하고 존귀하게 여기며, 모든 것에 뛰어난 이름으로 믿는다는 사실을 보여 줄 수 있다.

질문과 적용

1. 레위기 24장 16절은 십계명의 제3계명의 엄중한 속성을 어떻게 드러내고 있는가?

2. 십계명의 제3계명이 단순한 말의 차원을 뛰어넘는 이유는 무엇인지 구체적으로 말하라.

3. 출애굽기 3장 1-15절을 읽으라. 이 사건은 하나님에 관해 무엇을 계시하는가? 또 그분의 이름이 지니는 중요성을 어떻게 나타내고 있는가?

4. 저자는 "우리의 생각이나 계획이나 견해에 권위를 부여하기 위해 하나님의 이름을 남용하는 것도 십계명의 제3계명을 어기는 죄에 해당한다"고 말했다. 그런 잘못을 저지른 적이 있는가? 오늘날 교회 안에서 그런 잘못이 일어나고 있는 것을 발견하는가?

5. 십계명의 제3계명이 기도에 관해 가르치는 교훈은 무엇인가? 또 예배에 관해서는 무엇을 가르치는가?

4.

안식하며 기뻐하라

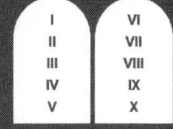

안식일을 기억하여 거룩히 지키라.
엿새 동안은 힘써 네 모든 일을 행할 것이나
일곱째 날은 네 하나님 여호와의 안식일인즉
너나 네 아들이나 네 딸이나 네 남종이나 네 여종이나 네 가축이나
네 문안에 머무는 객이라도 아무 일도 하지 말라.
이는 엿새 동안에 나 여호와가 하늘과 땅과 바다와 그 가운데 모든 것을 만들고
일곱째 날에 쉬었음이라.
그러므로 나 여호와가 안식일을 복되게 하여 그날을 거룩하게 하였느니라

출애굽기 20:8-11

십계명의 제4계명은 좀 혼란스러울 수 있다. 십계명의 모든 계명은 여전히 구속력을 지니고, 그리스도의 오심을 통해 그 의미가 더욱 깊어지고 달라졌다. 그중에서도 4계명이 가장 현저하게 달라졌다. 이것이 십계명의 제4계명을 지키는 방법이나 이 계명을 지켜야 할 필요성에 대해 그리스도인들의 견해가 여러 가지로 엇갈리는 이유다.

심지어 개혁주의 전통 안에서도 안식일이나 주일을 성수하는 것이 무슨 의미인지, 또 안식일과 주일이라는 두 용어가 동일한 의미인지에 대해 서로 다른 견해가 존재한다. 『웨스트민스터 신앙고백』(Westminster Confession)은 다음과 같이 진술한다.

하나님은 일주일 가운데 하루를 안식일로 특별히 정하여 자기를 위해 거룩하게 지키게 하셨다. 태초부터 예수 그리스도의 부활이 있기까지는 한 주의 마지막 날이 안식일이었지만, 그리스도의 부활

이후부터는 한 주의 첫째 날로 바뀌었다. 성경에서 주의 날로 일컬어지는 이날은 기독교의 안식일로 세상 마지막 때까지 계속 유지되어야 한다.[1]

또한 『웨스트민스터 신앙고백』은 주일에는 "세속적인 직업 활동과 오락"을 일체 삼가야 한다고 덧붙였다.[2] 『하이델베르크 요리문답』(Heidelberg Catechism)도 비슷한 주제를 다루었지만 그 강조점이 약간 다르다. 『하이델베르크 요리문답』은 "하나님이 십계명의 제4계명을 통해 우리에게 원하시는 것이 무엇인가?" 묻고 이렇게 대답했다.

첫째, 하나님은 복음 사역과 그 사역을 위한 교육이 유지되기를 원하시고, 특히 안식일에 하나님의 백성이 모인 자리에 부지런히 참석해서 하나님의 말씀이 가르치는 것을 배우며, 성례에 참여하고, 하나님께 공적으로 기도하며, 헌금을 드려 가난한 자들을 구제하기 원하신다.

둘째, 일평생 악행을 삼가고, 주님께서 성령으로 내 안에서 일하시게 하며, 그로써 영원한 안식이 이 세상에서부터 시작되기를 원하신다.[3]

---

[1] Westminster Confession of Faith, 21.7, *The Westminster Confession of Faith and Catechisms with Proof Texts* (Lawrenceville, GA: Christian Education & Publications Committee, 2007).
[2] Ibid., 21.8.
[3] Heidelberg Catechism, questions and answer 103, *Ecumenical Creeds and Reformed Confessions* (Grand Rapids, MI: Faith Alive, 1988).

보다시피 『하이델베르크 요리문답』은 안식일과 주일의 관계를 덜 강조하는 대신 공중예배와 악행을 삼가는 것에 초점을 맞추었다.

스위스 종교개혁의 산물이자 16세기에 기독교 신앙을 가장 포괄적으로 진술한 문서 가운데 하나인 『제2스위스 신앙고백』(1566, the Second Helvetic Confession) 24장에도 다음과 같은 내용이 발견된다.

> 고대 교회들은 일주일에 특정한 시간을 정해 놓고 모임을 가졌을 뿐 아니라 사도들의 시대 이후로는 주일 자체를 종교적인 의식과 거룩한 안식을 위한 날로 거룩히 구별하여 바쳤다. 지금도 우리의 교회들은 하나님을 예배하고 사랑을 증대시키는 날로 이날을 잘 지키고 있다. 그러나 우리는 유대인들이 안식일을 지켰던 방식이나 미신적인 요소를 조금도 용납하지 않는다. 왜냐하면 어떤 날이 다른 날보다 더 거룩하다고 여기지도 않고, 단순한 휴식만으로 저절로 하나님의 인정을 받을 수 있다고 생각하지도 않기 때문이다. 더욱이 우리는 유대인의 안식일이 아닌 주일을 기념하고 지키며, 그날을 자유롭게 준수한다.[4]

이 세 가지 문서는 주일과 관련된 안식과 예배를 다루고 있다. 모두 십계명의 제4계명을 믿지만 '주일이 기독교의 안식일인가? 그날이 휴식의 날인가? 우리는 안식일이 아닌 주일을 지키고 그날을 자

---

[4] *Reformed Confessions of the 16th and 17th Centuries in English Translation: Volume 2, 1552-1566*, comp. James T. Dennison Jr. (Grand Rapids, MI: Reformation Heritage, 2010).

유롭게 준수하는가?'와 같은 문제를 둘러싸고 몇 가지 중요한 차이가 발견된다.

혼란스럽지만 중요하다

십계명의 제4계명은 혼란스럽고, 논란의 여지가 있을 수 있다. 하지만 그것이 이 계명이 덜 중요하다는 의미는 아니다. 사실 이스라엘 백성이 십계명 중에서도 제4계명을 가장 중요하게 생각했다는 주장이 얼마든지 가능하다.

먼저 4계명은 가장 길고 상세하게 설명된 계명이다. 또한 안식일의 계명은 다른 계명보다 더 자주 언급되었다. 모세 오경에서 11회, 구약성경 전체에서는 100회가 넘게 언급되었다.

유대 월력에 명시된 절기 중에서 노동이 엄격히 금지된 절기는 속죄일과 안식일뿐이다. 더욱이 이스라엘 백성이 시내산에 도착하기 전에 하나님께서 그들에게 분명하게 명령하신 계명은 십계명 중에서 4계명이 유일하다(출 16장 참조). 유대교의 안식일과 기독교의 주일이 서로 관련이 없다는 것을 보여 주는 중요한 증거들이 있다고 결론짓더라도 하나님께서 안식과 예배의 원리에 무관심하시다고 생각하는 것은 결코 온당하지 않다.

사람들은 십계명의 제4계명을 생각할 때 '주일에 외식을 할 수 있는가? 주일에 축구 경기를 볼 수 있는가? 주일에 낮잠을 잘 수 있는가?'와 같은 자잘한 규칙과 관련된 질문들을 떠올리는 경향이 있다.

그러나 그런 질문에서부터 시작해서도 안 되고, 그런 질문들로 끝내도 안 된다. 십계명의 제4계명을 지키는 방법은 크게 세 가지다. 그것을 이야기하기 전에 먼저 안식일에 관한 성경의 가르침을 개괄하고, 안식일 준수와 관련된 도덕적 원리를 간단하게 제시하겠다.

구약성경에 나타난 안식일

신학의 다른 주제들처럼 안식일에 관한 올바른 이해도 창세기에서부터 출발한다. 창세기 2장 3절은 "하나님이 그 일곱째 날을 복되게 하사 거룩하게 하셨으니"라고 말씀한다. 안식일의 원리는 출애굽 이후에 모세가 창안한 것이 아니다. 모세 율법의 안식일과 창조의 안식일이 서로 다르다고 주장할 수 있겠지만 안식일의 원리가 태초부터 존재했다는 것은 부인할 수 없는 사실이다.

일주일이라는 날의 단위가 어디에서 유래했다고 생각하는가? 하루의 길이는 지구의 자전으로 이루어지고, 한 달의 길이는 태음 주기에 따라 정해졌으며, 일 년의 길이는 지구가 태양을 공전한 결과다. 다시 말해 과학적인 현상에 의해 날과 달과 해가 결정되었다.

그렇다면 일주일은 어떻게 정해졌을까? 7일을 일주일로 삼은 것은 태양계의 자연스러운 리듬과 비교할 때 제멋대로인 것처럼 보인다. 일주일이 7일로 정해진 이유는 하나님께서 그렇게 만드셨기 때문이다. 하나님은 엿새 동안 창조 사역을 마치고, 일곱째 날에 안식하셨다. 장소를 막론하고 사람들이 '일, 월, 화, 수, 목, 금, 토'라는 순환을 거칠 때마다 하나님께서 친히 세상에 부여하신 안식일의 원리가 구체적으로 작동한다.

교회력은 근본적으로 일주일의 순환주기를 따른다. 성금요일, 부활절, 성탄절을 기념하는 데는 아무런 문제가 없다. 매해 이 절기를 축하할 만한 문화적, 역사적, 복음적 이유가 충분하다. 그러나 하나님은 자기 백성에게 일곱째 날인 예배와 안식의 날에 중점을 둔 달력을 허락하셨다.

"안식일을 기억하라"는 출애굽기 20장 8절의 명령은 안식일이 시내산에서 제정되지 않았다는 사실을 암시한다. '기억하다'라는 말은 성경에서 단지 기억을 떠올린다는 의미에 그치지 않는다. 이 말은 힘써 기억해 실천하라는 의미를 지닌다. 다시 말해 "안식일을 기억하는 것"은 피조세계에 존재하는 안식일의 원리를 인정하고, 스스로를 위해 그것을 지키라는 의미였다. 한편 신명기 5장에 언급된 십계명의 제4계명은 안식일의 근거를 이스라엘의 노예 해방에 두었다. 신명기 5장 15절은 "너는 기억하라. 네가 애굽 땅에서 종이 되었더니"라고 말씀한다. 이처럼 안식일은 창조와 구원에 근거를 둔다. 그것은 하나님의 창조 목적과 구원 은혜의 증표다.

구약성경의 나머지 내용은 십계명의 제4계명이 고대 이스라엘 사회에서 어떤 기능을 했는지 보여 준다. 출애굽기 31장에는 안식일이 모세 언약의 증표로 언급되었다. 하늘의 무지개가 노아에게 주어진 하나님의 약속을 보증하는 증표인 것처럼 안식일은 하나님께서 자기 백성이 자기를 의지할 때 기꺼이 그들을 돌보실 것이라는 약속의 증표다. 하나님을 의지한다는 것은 안식일에 일상적인 노동을 멈추고 (사 58장; 암 8장) 성회로 모이는 것을 의미했다(레 23:3). 예배와 안식은 안식일의 두 원리다. 이 두 원리는 구약성경에서 서로 떼려야 뗄 수 없는 관계를 맺었다. 우리가 안식하는 이유는 자유롭게 하나님을 예배하기 위해서다. 우리는 모든 일을 중단할 만큼 하나님을 충분히 신뢰함으로써 그분을 예배한다.

신약성경에 나타난 안식일

이번에는 신약성경으로 눈을 돌려 보자. 먼저 예수님께서 십계명의 제4계명을 한 번도 어긴 적이 없으셨다는 사실을 기억하는 것이 중요하다. 그분은 안식일 제도에 근거한 전통을 호되게 비판하셨지만 그분과 서기관과 바리새인들의 충돌은 안식일의 계명이 합법적이냐, 하는 문제와는 아무런 상관이 없었다. 예수님은 마가복음 2장에서 굶주린 제자들이 곡식을 잘라 먹는 것을 아무렇지 않게 여기시고, 사람이 안식일을 위해 있는 것이 아니라 안식일이 사람을 위해 있는 것이라고 가르치셨다(27절). 또한 마가복음 3장에서는 손 마른 사람을 고쳐 주시면서 안식일에 선한 일을 해야 한다고 가르치셨고, 누가복음 13장에서는 귀신 들린 여자를 고쳐 주시면서 안식일이 해방의 날임을 보여 주셨으며(12절), 누가복음 14장에서는 수종병 걸린 사람을 고쳐 주시면서 안식일이 긍휼의 날이라고 암시하셨다. 예수님은 조금도 망설이지 않고 안식일을 왜곡했던 모든 겉치레를 벗겨 내셨다.

뿐만 아니라 그분은 안식일을 단지 종교적인 의무를 이행하는 날이 아니라 선을 행하는 날로 만드셨다. 그런데도 복음서 저자들은 예수님께서 십계명의 제4계명을 어긴 적이 한 번도 없으셨다고 분명하게 밝혔다(마 5:17-18).

예수님께서 안식일에 대한 유대교의 이해를 옳게 바로잡아 주셨다면 바울은 한 걸음 더 나아가 모세의 율법이 정한 안식일에 관한 온당한 태도를 새롭게 일깨워 주었다. 그는 로마서 14장에서 이른바 '아디아포라'(adiaphora, '대수롭지 않은'이란 뜻의 헬라어 '아디아포론'[adiaphoron]의 복수 형태로, 하나님께서 명령하시지도, 금하시지도 않은 행동들을 가리키는 말이다), 곧 그리스도인들이 동의하지 않을 자유가 있는 중립적인 문제를 다루면서, 놀랍게도 유대교의 절기들을 그 범주에 포함시켰다.

> 어떤 사람은 이날을 저 날보다 낫게 여기고 어떤 사람은 모든 날을 같게 여기나니 각각 자기 마음으로 확정할지니라. 날을 중히 여기는 자도 주를 위하여 중히 여기고 먹는 자도 주를 위하여 먹으니 이는 하나님께 감사함이요 먹지 않는 자도 주를 위하여 먹지 아니하며 하나님께 감사하느니라(롬 14:5-6).

초대교회 당시에 유대인과 이방인들은 어떻게 서로 공존할지 고민해야 했다. 유대인들의 종교의식 가운데 많은 것을 둘러싸고 의견이 엇갈렸다. '율법은 어떻게 해야 할까?' '절기들은 어떻게 해야 할까?' '그런 것들은 모세의 율법이 명령하는 예배와 어떤 관련을 맺고 있는가?'라는 의문이 생겨났다. 바울의 말은 사실상 "그런 문제들을 가지고 서로를 판단하지 말라. 그리스도께서 율법을 이루셨다. 특별한 날을 중요시하는 사람도 있고, 그런 날을 중요시하지 않는 사람도 있다. 둘 다 아무 문제가 없다."라는 의미였다.

바울은 골로새서에서도 이와 비슷한 가르침을 베풀었다. 그는 십자가에 못 박힌 옛 법조문에 관해 말하면서 모세의 율법이 그리스도 안에서 성취되었다고 강조했다.

> 그러므로 먹고 마시는 것과 절기나 초하루나 안식일을 이유로 누구든지 너희를 비판하지 못하게 하라. 이것들은 장래 일의 그림자이나 몸은 그리스도의 것이니라(골 2:16-17).

로마서 14장과 골로새서 2장에 나타난 바울의 가르침을 고려할 때 십계명의 제4계명을 어떻게 이해해야 할까?

나는 주일을 엄격하게 지키는 가정에서 성장했다. 당시에는 좀 불만스러웠지만 지금은 나의 부모님이 주일을 진지하게 받아들이신 것을 감사하게 생각한다.

우리 가족은 주일 오전 예배와 저녁 예배에 모두 참석했고, 주일학교에 나갔으며, 밖에 나가서 노는 일을 삼가고, 잔디도 깎지 않았고, 모든 노동을 중단했다(어머니만 예외였다. 그 이유는 주일마다 가족을 위한 만찬을 준비하셨기 때문이다). 내가 이런 나의 성장 배경을 언급하는 이유는 내가 그것에 반발심을 느끼며 자랐기 때문이 아니라 직감적으로 그런 훈육 방식이 성경의 가르침을 중시하고 있다고 느끼기 때문이다.

그러나 로마서 14장과 골로새서 2장을 고려하면 바울이 서로를 판단하지 말라고 당부한 일들을 가지고 다른 사람을 판단하는 일이 없도록 주의하는 것이 마땅하다고 생각된다.

돌이켜 보면 내게 적용된 훈육 방식 모두가 성경적으로 필요했던 것인지 확신하기 어렵다. 다시 말해 그런 방식이 틀린 것은 아니지만 꼭 그렇게 해야만 하는 것인지는 의문이다.

어떤 사람들은 골로새서 2장에 언급된 안식일이 매주 돌아오는 안식일이 아니라 매달 돌아오는 안식일(초하루)을 가리킨다고 주장하려고 애쓴다.

그러나 구약성경의 기록을 살펴보면 그렇지 않다는 것을 알 수 있다. "절기와 초하루와 안식일"이라는 표현이 여러 차례 등장한다. 에스겔 45장과 호세아 2장에는 말하는 순서까지 똑같은 표현이 사용되었고, 역대하 8장과 31장에는 말하는 순서는 다르지만 언급된 내용은 똑같은 표현이 사용되었다. 이 세 단어는 각각 '해마다 돌아오는 성일', '달마다 돌아오는 성일', '주마다 돌아오는 성일'을 가리키는 것으로 보인다. 만일 안식일이 매주 일곱째 날에 있는 안식일 외에 다른 성일을 가리킨다면 이 세 단어를 어떻게 이해해야 할지 난감하다.

이런 사실은 안식일이 신약 시대의 그리스도인들에게 더 이상 구속력을 지닌 성일이 아니라는 중요한 의미를 담고 있다.

과장법을 즐겨 사용했던 마르틴 루터(Martin Luther)는 "주일이 주일이라는 것 자체로 거룩하게 여겨지거나 그날을 유대교의 관습대로 지키기 원하는 사람이 있다면 나는 그날에 일도 하고, 말도 타고, 춤도 추고, 만찬을 즐기는 등 어떤 일이라도 해서 기독교적 자유를 침해하는 요인을 제거하라고 명령할 것이다."라고 말했다.[5]

루터의 말은 다소 지나친 듯하지만 앞서 인용한 『제2스위스 신앙고백』에 명시된 원리와 조금도 다르지 않다.

그러나 십계명의 제4계명 준수와 관련해 말해야 할 내용은 이것이 전부가 아니다. 신약성경은 주일을 새로운 유형의 안식일로 제시하려는 의도를 역력히 내비치고 있다.

예를 들어 복음서에 기록된 부활 기사들을 생각해 보자. 요한복음 20장, 누가복음 24장, 마가복음 16장을 살펴보면 그리스도의 부활이 "안식일이 있고 하루가 (지난 날에)" 일어났다고 기록한 내용이 발견된다. 이 말은 대개 '그 주간의 첫날'로 번역된다. 그런대로 잘 된 번역이지만 헬라어로는 '첫날'이 아닌 '하루'를 의미한다.

이로써 미루어 짐작하건대 초대교회는 안식일에 하루를 더한 날을 주일로 간주했던 것으로 보인다. 그리스도인들은 '안식일이 있고 하루가 지난 날', 곧 그 주간의 여덟 번째 날을 재창조의 날로 기념하기 시작했다.

이런 주석학적인 이해는 신약성경의 나머지 부분과 초기 교회의 역사를 통해 더욱 분명하고 확고하게 뒷받침된다. 사도행전 20장 7절과 고린도전서 16장 1-2절은 신자들이 "매주 첫날"에 예배를 드리기

---

[5] D. A. Carson, *From Sabbath to Lord's Day: A Biblical, Historical, and Theological Investigation* (Eugene, OR: Wipf & Stock, 1999), 314에서 재인용.

위해 모였다고 기록하고, 요한계시록은 그날을 "주의 날"이라고 구체적으로 명시했다. 2세기 후반부터는 "주의 날"이 일요일을 가리키는 의미로 사용되었다. 2세기 변증학자 순교자 유스티누스(Justin Martyr)는 교회가 그 주간의 첫날, 즉 일요일에 예배를 드리기 위해 모였다고 말했다. 2세기 초반의 교회 지침서인 『12사도 교훈집』(The Didache)에서도 "주의 날"이 공중예배로 모이는 날을 가리키는 의미로 사용되었다. 교부 이그나티우스(Ignatius)는 1세기 말에 "그리스도인들은 더 이상 안식일을 지키지 않고 주의 날, 곧 우리의 삶이 그분과 그분의 죽으심으로 인해 새롭게 된 날을 지킨다"고 말했다.[6]

교회사의 처음 4세기를 살펴보면 안식일 준수가 하나님에 대한 헌신과 겸손의 삶을 뜻하는 영적 의미로 이해된 것을 알 수 있다. 일곱째 날을 엄격하게 준수해야 한다는 주장은 유대화의 오류로 간주되었다. 심지어 라오디게아 공의회(the Council of Laodicea, 363년)에서는 그리스도인들이 일곱째 날에 일을 하고, 그 대신 주일을 존중해야 한다고 말하기까지 했다.[7] 당시에 변화가 진행되고 있었다는 명백한 증거다. 워필드(B. B. Warfield)는 "그리스도께서는 자신과 함께 안식일을 가지고 무덤 안으로 들어가셨다가 부활의 아침에 주일을 가지고 무덤 밖으로 나오셨다"고 말했다.[8]

---

[6] J. Douma, *The Ten Commandments: Manual for the Christian Life*, trans. Nelson D. Kloosterman (Phillipsburg, NJ: P&R, 1996), 139에서 재인용.

[7] Craig L. Blomberg, *Perspectives on the Sabbath: 4 Views* (Nashville: B&H, 2011), 311.

[8] Philip Graham Ryken, *Exodus: Saved for God's Glory*, Preaching the Word (Wheaton, IL: Crossway, 2005), 597에서 재인용.

"그렇다. 그러나…"

이 모든 내용을 어떻게 종합해야 할까? 십계명의 제4계명을 지켜야 할까, 말아야 할까? 간단히 "그렇다. 그러나"라고 대답할 수 있다. 우리는 십계명의 제4계명을 지켜야 한다. 그것은 만민을 위해 계시된 하나님의 뜻이다. 그러나 그 계명을 지키는 방식은 달라졌다.

안식일의 요소 가운데 일부가 폐지되었다. 문화적 요소와 특정한 규칙들을 걷어내면 모세의 율법이 정한 안식일의 핵심, 곧 노동을 멈추고 안식하며 하나님을 의지해야 한다는 것만 남는다. 이것이 그리스도 안에서 성취된 원리다. 예수님은 우리에게 가장 심원하고, 가장 완전한 안식일의 의미(하나님을 우리의 공급자요, 유지자요, 구원자로 의지해야 한다는 것)를 보여 주셨다. 안식일의 사법적인 형벌과 의식적인 규칙들은 폐지되었다.

안식일의 핵심 원리는 주일에도 그대로 적용된다. 이것이 칼빈이 『기독교 강요』(the Institutes)에서 취한 입장이다. 그는 "주님이신 그리스도의 강림으로 이 계명의 의식적인 요소가 폐지된 것은 의심할 여지가 없다. … 따라서 그리스도인들은 미신적인 태도로 날들을 지키는 행위를 절대로 해서는 안 된다"고 말했다.[9] 아울러 칼빈은 주일 성수의 중요성을 강조하면서 주일은 안식일 대신 제정된 것으로 동일한 원리에 따라 기능한다고 주장했다. 구체적으로 말하면 주일은

9] John Calvin, *Institutes of the Christian Religion*, ed. John T. McNeill, trans. Ford Lewis Battles (Philadelphia: Westminster Press, 1960), 2.8.31.

예배를 드리기 위해 모이는 날이자 노동을 멈추고 안식하는 날이다. 가장 중요한 것은 십계명의 제4계명이 한 주를 살면서 매일 그리스도 안에서 영적인 안식을 누리도록 가르친다는 사실이다.[10]

각각의 요점을 하나씩 차례로 살펴보면 다음과 같다.

예배드리는 날

일주일 중 하루를 따로 구별해 공중예배를 드리는 것은 지극히 합당한 일이다. 앞에서 신·구약성경을 통해 이 원리를 이미 확인한 바 있다. 초대교회 신자들은 유대교의 전통으로부터 매주 특별한 날에 함께 모여 기도하고, 교제하고, 말씀을 배우는 습관을 물려받았다(행 2:42). 특별한 날이 모세 율법 아래에서는 토요일이었는데 그리스도의 부활 이후부터는 일요일로 바뀌었다.

나는 지난 15년 동안 목회 사역에 종사해 왔다. 날이 갈수록 그리스도인들이 주일예배를 덜 중요하게 생각하는 것처럼 보여 심히 우려된다. 나는 무슨 일이 있어도 주일 오전 예배와 저녁 예배는 꼭 참석하는 부모 밑에서 자랐다(주일학교와 청소년 모임과 수요일 저녁 예배도 반드시 지켜야 했다). 지금 부모가 된 나는 그런 습관을 들이는 것이 얼마나 많은 노력이 필요한 일인지 누구보다 잘 알고 있다. 나는 어떤 일이 있어도 교회에 나가는 습관이 몸에 깊이 밴 것을 항상 감사하게 생각

---

10) Ibid.

할 것이다. 자녀들에게 주일을 당연히 교회에 가는 날로 가르치는가, 아니면 마지못해 억지로 교회에 가는 날로 가르치는가? 여러 가지 규칙과 한계를 정하는 일은 부모의 몫이다. 그러나 자녀들에게 물려주어야 할 습관 가운데 주일이면 어김없이 교회에 나가는 것보다 더 중요한 습관은 없다. 만일 우리가 주일을 세 번째나 네 번째 순위로 생각하도록 자녀들을 기른다면 그들이 교회가 중요하다고 생각하게 될 가능성이 거의 없을 것이다. 그런 경우에는 입으로는 "예수님이 주님이시다."라고 말하면서 행위로는 축구가 진정한 왕이라는 것을 보여주게 될 뿐이다.

날씨가 좋기는 하지만 아주 썩 좋지는 않을 때나, 축구 경기가 재미 없을 때나, 스포츠 활동을 할 계획이 없을 때나, 너무 피곤하지 않을 때만 공중예배에 참석하는 사람이 너무도 많다. 우리의 일정에 적합할 때만 하나님의 백성과 함께 그분의 보좌 앞에 모여 예배를 드리며 그분의 말씀을 듣는 것을 좋게 여기는 경향이 짙다. 그것은 신약성경의 가르침과 거리가 멀다(히 10:25).

나는 나와 내 자녀들을 위해 '주일은 내게 가장 기쁜 날인가, 아니면 가장 성가신 날인가?'라는 질문을 종종 생각하곤 한다. 대다수 사람은 저녁 만찬과 파티와 게임을 즐기며 늦게까지 놀 수 있는 금요일과 토요일을 가장 기쁜 날로 여긴다. 주일은 단지 월요일을 준비하면서 대충 보내는 날일 뿐이다. 주일을 성가신 날이 아닌 예배의 날로 만들려면 미리 계획하는 것이 필요하다. 말씀을 들으며 주일을 잘 보내려면 토요일에 부지런히 준비해야 한다.

주일은 주님이 우리의 영혼에 관심을 기울이라고 마련해 주신 날이다. 주일에는 우리가 마음먹었던 선한 일을 할 수도 있고, 기독교 서적을 읽고, 성경을 공부하고, 산책하며 기도하고, 자녀들과 함께 찬양을 부르고, 잠시 낮잠을 즐길 수도 있다. 몸이 아픈데 그 원인을 알지 못할 때는 의사에게 가고, 검사 일정을 예약하고, 인터넷을 찾아보고, 보험회사에 상황을 고지하고, 가장 최근의 치료 방법을 알려고 애쓸 것이다. 몸이 아프면 치료 방법을 찾으려고 백방으로 노력할 것이 틀림없다. 그러나 영혼이 병들었을 때에는 치료는 고사하고 진단조차 받으려고 하지 않는다. 위대한 의원이신 하나님은 "일주일에 하루를 네 영혼을 돌보는 날로 허락했으니 와서 예배하고, 성장하고, 숨 쉬고, 자양분을 얻어라."라고 말씀하신다. 그러니 예배의 날을 큰 기쁨의 날로 여겨야 마땅하지 않겠는가?

그리스도를 신뢰하고 안식하는 날

우리는 기꺼이 노동을 쉬고 안식할 만큼 충분히 그리스도를 신뢰해야 한다. 안식일은 우울한 날이 아닌 즐거운 날이 되어야 했다. 그러나 안타깝게도 하나님의 백성들조차 그날을 항상 그렇게 생각하지는 않았다. 아모스 당시의 이스라엘 백성은 "월삭이 언제 지나서 우리가 곡식을 팔며 안식일이 언제 지나서 우리가 밀을 내게 할꼬"(암 8:5)라고 불평했다. 그들은 낮잠 자는 것을 불평하는 어린아이들이나 주일에 사무실과 상점이 문을 열지 않는 것을 불만스러워하는 성인들처럼 안식일을 축복의 날이 아닌 속박의 날로 간주했다.

물론 그리스도인들이 주일을 옹호하는 데 너무 지나친 열정을 기울인 경우도 없지 않다. 영국 식민지 시대의 뉴잉글랜드에는 서른아홉 쪽에 달하는 세세한 안식일 준수 조항이 존재했다. 존 오웬(John Owen)은 "엿새 동안에 일곱째 날에 지켜야 할 모든 의무를 꼼꼼히 다 읽는 것조차 벅차다"고 말했다.[11] 과거보다는 많이 줄어들었지만 지금도 경우에 따라서는 주일에 세세한 규칙을 강요당하는 좋지 않은 경험을 할 수도 있다. 너무 많은 규칙을 만들어 안식을 너무 적게 누리는 극단에 치우치는 것은 곤란하다. 사람이 안식일을 위해 있는 것이 아니라 안식일이 사람을 위해 있는 것이라는 가르침을 잊지 말라. 벤 패터슨(Ben Patterson)은 "안식일을 잃으면 무엇을 잃게 될까?"라고 묻고 "은혜를 잃게 된다"고 대답했다.[12]

대학교와 신학교에 다닐 무렵, 나는 대담한 결정을 내렸다. 나는 한 친구와 함께 주일에는 공부를 하지 않기로 결심했다. 숙제도 하지 않고, 보고서도 쓰지 않고, 시험공부도 하지 않았다.

그렇게 하니까 토요일이 중요해졌고, 금요일 저녁을 보내는 일도 좀 더 신중해졌다. 토요일에 늦잠을 자거나 축구 경기를 보거나 친구들과 온종일 어울리거나 밤늦게 사교 모임에 나갈 수가 없었다. 그렇게 하면 주일을 제대로 지키는 것이 불가능했다. 그래서 나는 획기적

---

[11] Carson, *From Sabbath to Lord's Day*, 327에서 재인용.
[12] Bruce A. Ray, *Celebrating the Sabbath: Finding Rest in a Restless World* (Phillipsburg, NJ: P&R, 2008), 115에서 재인용.

인 변화를 시도했다. 그와 같은 헌신을 후회한 적은 한 번도 없다. 주일을 온전히 지키는 것이 공부하는 내내 나를 잘 지탱해 준 습관으로 굳게 자리 잡았다. 주일이 내가 가장 좋아하는 날이 되었다. 나는 자유롭게 교회에 나갔고, 오랫동안 산책을 즐기거나 책을 읽거나 낮잠을 잘 수 있었다. 주일이 의무의 바다에 존재하는 한가로운 섬과 같이 느껴졌다.

우리 중에 '있잖아요, 인생이 조금 심심해요. 나는 그렇게 바쁘지 않아요. 일정이 좀 더 빡빡하면 좋겠어요. 삶이 좀 더 바쁘면 좋을 것 같아요.'라고 생각할 사람이 과연 얼마나 될까? 아마도 거의 없을 것이다. 머릿속으로 생각하는 많은 의무를 잠시 중단할 수 있는 날이 필요하지 않겠는가? 엿새 동안의 의무로부터 온전히 벗어나 일주일 중 하루를 자유의 날로 즐긴다면 참으로 즐겁지 않겠는가?

'안식'으로 번역되는 히브리어는 '중단한다'는 뜻이다. 안식일은 중단하는 날, 곧 멈추는 날이다. 농경 사회에서 안식은 '밭은 걱정하지 말고, 일손을 놓고 쉬라'는 의미였다. 사무실에서 일하는 사람들에게는 '산책을 즐기고, 자전거를 타고, 어떤 이메일에도 답장하지 말라'는 의미일 것이다. 안식일은 속박의 날이 아니었다. 그 점은 주일도 마찬가지다. 안식일이 노예들에게 얼마나 좋은 소식이었을지 상상해 보라. 하나님은 오랫동안 압제를 당해 온 사람들에게 "일주일에 하루를 안식하며 예배드리는 날로 허락하겠다"고 말씀하셨다. 하나님은 자신이 명령하지 않으시면 우리가 일을 멈추고 안식하지 않을 것을 아셨던 것 같다.

주일은 새로운 한 주가 시작되는 첫째 날이다. 또한 여덟째 날이다. 그날은 여가(recreation)를 즐기는 날이 아니라 재창조(re-creation)의 날, 곧 필요한 일을 잠시 중단하고, 생명을 주는 것을 받아들이는 날이다. 우리는 단지 잠시 일상에서 벗어나거나 휴식을 즐기는 것이 아니라 재창조한다. '내가 얼마나 많이 쉴 수 있을까?'라는 생각이 아니라 '이번 주일 예배와 안식을 통해 하나님께서 내게 어떤 축복을 베푸실까?'라는 생각으로 주일을 바라봐야 한다. 안식일은 창조의 원리이고, 십계명 가운데 하나이며, 예수님께서 새롭게 하신 날이다. 그런 날을 무시하는 것은 위험을 자초하는 것이다. 그 이유는 하나님께서 우리가 주일에 일할 때마다 우리를 못마땅하게 여기시기 때문이 아니라 그날에 우리에게 예배와 안식의 축복을 허락하시기 때문이다. 하나님은 안식일을 위해 사람을 만드신 것이 아니라 사람을 위해 안식일을 만드셨다.

일을 멈추고, 그리스도 안에서 안식하는 날

아마도 이것이 안식일의 원리가 유지되는 세 가지 이유 가운데 가장 명백하고 중요한 이유일 것이다. 우리가 십계명의 제4계명을 지키는 이유는 그리스도께서 이루신 사역 안에서 안식하기 위해서다. 성령의 영감을 받은 성경의 저자도 히브리서 4장에서 이 점을 분명하게 언급했다. 하나님께서는 자기 백성이 누리기 원하시는 안식이 있었다. 그러나 그들 중 일부는 하나님을 거역한 탓에 그 안식에 들어

가지 못했다. 하나님은 진노하며 불순종하는 사람들이 그분의 안식에 들어가지 못하게 하겠다고 말씀하셨다(히 4:3). 그러나 믿는 자들에게는 "안식할 때가 남아 있다"(9절 참조). 따라서 우리는 안식에 들어가려고 노력해야 한다(11절). 어떻게 안식에 들어갈 수 있을까? 하나님께서 그분의 일을 쉬신 것처럼 우리도 우리의 일을 쉼으로써 들어간다(10절). 이것이 아직 남아 있는 안식일의 안식이다(우리는 주일을 지킴으로써 매주 그런 안식을 맛본다). 우리는 우리 자신의 힘이 아닌 그리스도를 신뢰하고, 믿고, 의지함으로써 안식을 누린다.

하나님은 늘 자기 백성에게 은혜롭게 안식을 베푸셨다. 세상의 창조나 엘림의 종려나무들(출 15:27)이나 여호수아의 시대나 다윗의 시대는 물론 오늘날에도 그 사실은 변하지 않는다. 주님은 "수고하고 무거운 짐 진 자들아 다 내게로 오라. 내가 너희를 쉬게 하리라"(마 11:28) 말씀하신다. 안식일을 지키는 가장 중요한 방법은 우리의 불완전하고 허물 많은 일을 중단하고, 구원을 얻기 위해 오직 그리스도만을 의지하는 것이다.

여전히 십계명의 제4계명에 복종하는 것이 필요할까? 물론이다. 예수님은 율법과 선지자를 폐하기 위해서가 아니라 이루기 위해 오셨다고 말씀하셨다(마 5:17). 따라서 우리는 십계명의 제4계명에 복종해야 할 뿐 아니라 예수님께서 그것을 변화시키셨다는 사실을 기억해야 한다(십계명 중 제4계명의 변화가 가장 크다). 그리스도께서는 우리에게 그림자가 아닌 실체를 허락하셨다. 창조 당시부터 출애굽을 거쳐 신약 시대의 주일에 이르기까지 안식일의 원리는 항상 신뢰를 강조한다. 그것이 안식일의 핵심이다. 하나님께서 여섯째 날에 이틀분의 만나를 주실 것이라고 믿는가? 하나님께서 하루 동안 중단한 일을 나머지 엿새 동안에 보상해 주실 것이라고 믿는가? 우리의 짐을 우리 혼자 짊어지고 가지 않을 것이라고 믿는가? 우리가 일을 중단하고 예배를 드릴 만한 충분한 믿음을 가지면 하나님께서 그 짐은 물론 우리 자신까지 짊어지실 것이라고 확신하는가?

일주일에 하루든, 매일이든, 그리스도를 의지하며 안식하는 일은 어렵다. 이것이 우리가 하나님께서 정하신 안식에 들어가기를 힘써야 하는 이유다. 우리는 믿음의 싸움을 싸워야 한다. 우리 자신의 계획과 노력이 아닌 하나님을 의지해야 한다. 안식일의 안식은 그리스도를 우리 중심에 모시는 것을 의미한다. 다른 사람들의 인정을 받으려는 노력을 멈추고, 우리 자신의 의를 추구하려는 어리석은 행위를 중단하고, 우리의 노동을 중단하고, 오직 그리스도 안에서 안식을 누릴 때에만 참된 건강과 힘과 활력과 자유를 발견할 수 있다고 믿는 것, 그것이 곧 안식의 참의미다.

어떤 사람들은 정신없이 분주하게 내달리면서 '오, 하나님, 왜 제게 휴식을 허락하지 않으십니까?'라고 생각한다. 하나님은 그런 사람들에게 "내가 너를 위해 이날을 만들었다. 너를 벌하거나 속박하기 위해서가 아니라 네가 절실히 원하는 자유를 주기 위해서 말이다."라고 말씀하신다. 어떤 사람들은 그리스도 안에서 안식을 발견하지 못하고 필사적으로 그것을 추구하려 애쓴다. 또 어떤 사람들은 안식을 발견했더라도 그것을 자주 잊어버린 채 일하고, 계획하고, 궁리하고,

초조해하고, 안달복달하고, 걱정하고, 부모나 배우자나 자녀들이나 교회 앞에서 자기 자신을 입증해 보이려고 애쓰는 탓에 안식의 은혜를 진정으로 누리지 못한다. 그들은 스스로가 중요하다는 것, 곧 자신이 귀하고, 사랑스럽고, 괜찮다는 것을 증명해 보이려고 항상 다른 무엇인가를 하려고 애쓴다.

스스로 무엇인가를 이루려 하거나 무엇인가를 증명해 보이려고 애쓸 필요가 없다. 세상이나 구원은 우리에게 달려 있지 않다. 심지어 우리의 가족조차 우리에게 달려 있지 않다.

"내게 오라. 내가 너희를 쉬게 하리라"는 예수님의 은혜로운 음성이 들리지 않는가? 그분의 말씀을 받아들이라. 그분을 믿고 의지하라. 그분께 달려가라. 그러면 매주 부활의 날이 돌아올 때마다 그분을 찬양하고 안식을 누림으로써 우리가 믿는 것을 자유롭게 표현할 수 있을 것이다.

질문과 적용

1. 안식일의 원리는 태초부터 어떻게 유지되어 왔는가?

2. 복음서는 예수님께서 십계명의 제4계명을 한 번도 어기신 적이 없다고 증언한다. 예수님께서 안식일에 취하신 행동은 무슨 목적을 이루기 위해서였는가?

3. 워필드는 "그리스도께서는 자신과 함께 안식일을 가지고 무덤 안으로 들어가셨다가 부활의 아침에 주일을 가지고 무덤 밖으로 나오셨다"고 말했다. 주일의 관습은 교회사의 처음 4세기 동안 어떻게 형성되었는가?

4. 예수님은 십계명의 제4계명을 어떻게 성취하셨는가? 오늘날까지 남아 있는 안식일의 핵심 원리는 무엇인가?

5. 주일을 어떻게 생각하는가? 이 장을 읽은 뒤 매주 주일을 지키는 방식에 어떤 변화가 일어났는가?

5.

부모를 존경하고 사랑하라

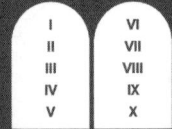

네 부모를 공경하라.
그리하면 네 하나님 여호와가 네게 준 땅에서 네 생명이 길리라

출애굽기 20:12

모세는 두 개의 돌판을 들고 시내산에서 내려왔다(출 31장). 우리는 그것을 십계명이 두 개의 돌판에 나뉘어 적힌 것으로 생각하지만 그렇지 않다는 것이 거의 확실하다.

오히려 그것은 똑같은 내용이 적힌 두 개의 돌판이었을 것이다(십계명이 두 돌판에 어떻게 구분되어 기록되었는지에 관해서는 여러 견해가 있다. 저자는 그중 두 돌판에 동일한 내용이 기록되었을 거라는 견해로 설명하고 있다.–편집자주). 그것은 고대 근동지역에서 언약을 맺는 전형적인 방식이었다. 양측이 서로 하나씩 나눠 가질 수 있어야 했다. 복사기에 넣어 복사할 수 없었기 때문에 두 개의 돌판을 만들어야 했다. 돌판 하나는 주님을 위해 언약궤에 넣었고, 다른 하나는 이스라엘 백성이 기억할 수 있도록 간직했을 것으로 짐작된다.

그러나 역사적으로 그리스도인들은 하나의 돌판에는 하나님에 대한 수직적인 의무를 명시한 계명들이, 다른 하나에는 이웃에 대한 수

평적인 의무를 명시한 계명들이 적혀 있다고 생각해 왔다. 유대인들과 초기 그리스도인들도 그런 식으로 생각했다는 증거가 있다. 예수님께서 젊은 부자 관원을 가르치셨던 일화에서처럼 신약성경은 여러 곳에서 두 번째 돌판의 계명만을 나열했다. 로마서 13장과 디모데전서 1장에도 십계명의 두 번째 돌판에 기록된 계명들을 하나씩 열거한 내용을 발견할 수 있다.

> 네 마음을 다하고 목숨을 다하고 뜻을 다하여 주 너의 하나님을 사랑하라 하셨으니 이것이 크고 첫째 되는 계명이요 둘째도 그와 같으니 네 이웃을 네 자신같이 사랑하라 하셨으니 이 두 계명이 온 율법과 선지자의 강령이니라(마 22:37-40).

십계명의 제5계명에서부터 첫 번째 돌판에서 두 번째 돌판으로 넘어간다. 첫 번째 돌판의 토대가 1계명이라면 두 번째 돌판의 토대는 5계명이다. 따라서 "네 부모를 공경하라"가 이웃에 대한 모든 사랑의 의무를 지탱하는 토대가 된다.

부모와의 관계는 가장 중요한 관계다. 이 관계가 다른 모든 관계를 규정한다.

예를 들어 학교에서 친절하고 사려 깊고 똑똑한 학생을 보거나, 일터에서 열심히 양심껏 신중하고 책임 있게 일하는 사람을 보면 그 사람의 부모에게 깊이 감사할 것이 틀림없다. 물론 예외도 많다. 부모는 훌륭한데 자식은 형편없거나, 자식은 반듯한데 부모는 엉망진창인 경우가 얼마든지 있을 수 있다. 하지만 그것이 세상이 일반적으로 작동되는 방식이다. 그것이 하나님께서 고안하여 만드신 방식이다.

우리는 부모와의 관계를 통해 우리를 다스리는 권위자가 있다는 것, 사람들의 말에 귀를 기울이는 것, 그들을 존중하는 것, 때로 우리가 원하지 않는 일을 하는 것이 무슨 의미인지 알게 된다. 누군가가 우리에게 무엇을 지시한다면 우리는 그가 우리보다 더 잘 알고 있다고 믿고 존중해야 한다.

아우구스티누스(Augustine)는 "누구든 부모를 공경하지 않으면 하나님께서 과연 그를 용서하시겠는가?"라고 말했다.[1] 우리는 부모와의 관계를 통해 다른 사람들과 함께 살아가는 법을 익히고, 세상의 권위 체계에 관해 배운다. 가정은 존경과 복종과 사랑과 보호와 관련된 것들을 배우는 장소다.

역사적으로 독재 정권이 가족과의 관계 단절을 국민을 통제하는 주된 방법 가운데 하나로 사용한 것은 조금도 놀랍지 않다. 그들은 부모를 공경하는 것보다 국가에 대한 충성을 사회 건설의 기틀로 삼았다.

국가의 힘과 가정의 힘은 종종 서로 역행하는 경향이 있다. 전자는 위를 향하고, 후자는 아래를 향한다.

나는 여기에서 이런 거창한 문제를 다루고 싶지 않다. 단지 십계명의 제5계명이 "자녀들아, 부모가 씻으라고 하면 씻어야 한다"고 말하

---

[1] Philip Graham Ryken, *Exodus: Saved for God' Glory*, Preaching the Word (Wheaton, IL: Crossway, 2005), 602에서 재인용.

는 것을 훨씬 뛰어넘는 의미를 지닌다는 사실을 말하려고 할 뿐이다. 사회적인 질서와 신뢰와 상호 존중이 없으면 문명이나 사회나 문화나 국가가 번영할 수 없다. 그 모든 것이 가정이라는 인큐베이터 안에서 교육되고 습득된다. 이웃 사랑이 부모의 말을 청종하는 데서부터 시작한다고 해도 결코 과언이 아니다.

마땅히 공경해야 한다

"네 부모를 공경하라"는 말은 엄중한 계명이다. 모세는 모세 오경에서 이렇게 가르쳤다.

> 사람에게 완악하고 패역한 아들이 있어 그의 아버지의 말이나 그 어머니의 말을 순종하지 아니하고 부모가 징계하여도 순종하지 아니하거든 그의 부모가 그를 끌고 성문에 이르러 그 성읍 장로들에게 나아가서 그 성읍 장로들에게 말하기를 우리의 이 자식은 완악하고 패역하여 우리 말을 듣지 아니하고 방탕하며 술에 잠긴 자라 하면 그 성읍의 모든 사람들이 그를 돌로 쳐 죽일지니 이같이 네가 너희 중에서 악을 제하라. 그리하면 온 이스라엘이 듣고 두려워하리라(신 21:18-21).

당시 사람들은 이 말씀을 듣고 크게 두려워했을 것이 틀림없다. 우리는 지금 신약 시대에 살고 있다. 이제는 그런 범법 행위를 처리하는 것이 헌법 체계와 등록 교인 관리와 권징의 기능을 갖춘 교회의 질서 속으로 이관되었다. 그러나 이 성경구절은 부모를 공경하지 않는 것이 얼마나 중대한 죄인가를 분명하게 보여 준다.

이 말씀을 생각하면 탕자의 이야기가 얼마나 심각하고, 또 놀라운 것인지 좀 더 생생하게 느낄 수 있다. 그는 집을 나갔고, 폭음과 폭식을 즐기며 허랑방탕했다. 그런데 아버지는 그를 장로들 앞에 끌고 가서 돌로 쳐 죽이기는커녕 오히려 멀리서 아들이 돌아오는 것을 보고 달려가 그를 맞이하고 "이 내 아들은 죽었다가 다시 살아났으며 내가 잃었다가 다시 얻었노라"(눅 15:24)고 말했다. 방탕한 자녀들에게는 참으로 좋은 소식이 아닐 수 없다.

율법은 부모를 저주하는 자를 반드시 죽이라고 명령한다(출 21장; 레 20장; 잠 20, 30장). 칼빈은 "자연이 우리에게 이것을 가르친다. 부모의 권위를 거칠고 완강하게 거부하는 자들은 인간이 아닌 괴물이다."라고 말했다.2)

자녀들이 할로윈의 괴물처럼 되려고 하는가? 그런 자녀들은 부모의 말을 고집스럽게 거부한다. 그들은 진정한 괴물이다. 칼빈이 주장한 대로 자기를 빛으로 인도하려고 애쓰는 사람들을 인정하지 않는 사람은 빛의 혜택을 누릴 자격이 없다.

물론 과거는 지금과 달랐고, 자녀 양육에 대한 우리의 태도도 이전과는 달라졌다. 그러나 때로는 5백 년의 목소리에 귀를 기울여 십계

---

2) John Calvin, *Institutes of the Christian Religion*, ed. John T. McNeill, trans. Ford Lewis Battles (Philadelphia: Westminster Press, 1960), 2,8,36.

명의 제5계명의 중대성을 상기할 필요가 있다.

지금부터 나는 네 가지 질문을 중심으로 십계명의 제5계명의 의미를 살펴볼 생각이다. 첫째, '부모를 공경한다는 것은 무슨 의미인가?' 둘째, '부모 공경에 한계가 있는가?' 셋째, '왜 부모를 공경해야 하는가?' 넷째, '부모를 공경하려면 어떻게 해야 하는가?'이다.

부모 공경의 의미

칼빈은 공경이 세 가지, 곧 "존경", "복종", "감사"를 요구한다고 말했다.[3]

부모를 존경하는 이유는 그들이 항상 그럴 만한 자격이 있기 때문이 아니다. 나는 나의 부족함과 결함을 잘 알고 있는 아버지로서 이 글을 쓰고 있다. 나는 "내가 저렇게 말하고 행동했다니 모두지 믿을 수가 없군."이라고 말할 때가 많았다. 우리가 부모를 존경해야 하는 이유는 그들이 항상 존경받을 만한 자격을 갖추고 있기 때문이 아니라 하나님께서 그들에게 권위를 부여하셨기 때문이다.

'공경'은 히브리어 '카보드'(kabod)를 번역한 것이다. 이 말은 '영광'이나 '중요성'을 뜻하는 구약성경 용어다. 부모가 된다는 것은 중대한 일이다. 어머니나 아버지가 된다는 것은 매우 중요한 직임을 부여받는 것과 같다.

---

3) Ibid.

복종이란 부모 밑에서 자라는 동안 그들이 말하는 대로 행하는 것을 의미한다. 심지어 다 자라서 독립했을 때에도 할 수만 있다면 부모가 바라는 것을 하려고 노력해야 한다. 물론 복종은 부모가 명령이나 지시를 내리는 것을 전제로 한다. 자녀들이 스스로 생각해서 행동하기를 바랄 수는 없다. 자녀들을 멋대로 하게 놔두면서 그들의 가장 좋은 친구가 되기 위한 방법을 찾으려는 것은 바람직하지 않다. 부모는 자녀들에게 명령을 내리고, 복종을 기대해야 한다.

아울러 부모는 단지 자녀들에게 명령만 하지 말고, 책임 있는 태도를 취해야 한다. 자녀들을 집에서 교육하든, 공립학교나 기독교 학교에 보내든 상관없이 부모는 자녀들이 옳고 선한 것을 배우고, 그리스도 안에서 성장할 수 있도록 도와야 할 책임이 있다.

이번 장 마지막에서 감사에 대해 다시 생각해 보겠지만 우선 자녀들이 부모에 관해 알아야 할 한 가지 사실을 언급하면 다음과 같다. 부모는 대개 자녀들을 기쁘게 해 주려고 애쓴다. 진정으로 그렇다. 부모는 자녀에게 필요한 것을 사 주고, 그들이 행복해하는 모습을 보고 싶어 한다. 부모는 자녀들을 기쁘게 해 주었다는 뿌듯한 마음을 느끼고 싶어 한다.

자녀들이여, 무엇이 진정으로 좋은 것인지 아는가? 아마도 부모가 해 주는 일을 즉시 잊지만 않는다면 알고도 남을 것이다. 부모라면 누구나 그런 경험을 한 적이 있다.

예를 들어 자녀가 아침에 일어났을 때 "애들아, 오늘은 '도넛 데이'야. 모두 차에 타자. 도넛을 먹으러 가는 거야."라고 말한다. 부모는 그런 분위기가 조금이라도 오래 지속되기를 원한다. 물론 그런 분위기는 자녀들이 음식물을 바닥에 쏟기 전에 끝나 버린다. 그러면 자녀들은 즉각 다른 데로 관심을 돌린다. 하지만 그래서는 안 된다.

감사는 부모를 공경할 수 있는 가장 중요한 방법 중 하나다. 어릴 때는 이해하지 못했지만 지금은 부모가 끊임없이 희생하고 있다는 사실을 너무나도 잘 안다. 기뻐서 하는 일일지라도 부모는 돈과 시간과 정력과 감정과 잠을 희생해야 하고, 때로는 눈물까지 흘려야 한다. 부모란 참으로 큰 책임이 뒤따르는 직임이 아닐 수 없다. 자녀를 위해 그토록 많은 희생을 감당한 부모를 공경할 수 있는 방법 가운데 하나는 감사하는 것이다.

부모 공경의 한계

부모 공경에 한계가 있을까?

물론이다. 권위는 남용될 수 있다. 사도행전 5장에서 발견되는 원리는 정부는 물론 부모나 교회를 비롯해 우리를 지배하는 모든 형태의 권위에 적용된다.

하나님께 복종할 것인지 사람에게 복종할 것인지 선택해야 한다면 당연히 전자를 선택해야 한다. 부모가 하나님께서 금하시는 것을 요구하거나 그분이 명령하시는 것을 금지한다면 복종하지 말아야 하고, 또 복종할 수도 없다.

십계명의 처음 네 계명은 나머지 계명보다 앞선다. 그러나 부모가 요구할 권위가 없는 일을 요구하더라도 그들을 존중하고 공경할 수 있는 방법이 있다.

부모는 다 자란 자녀들에게 그들이 어릴 때 했던 것과 똑같은 복종을 요구해서는 안 된다. 이것이 하나님께서 태초에 정하신 원리(남자가 부모를 떠나 아내와 결합해서 한 몸을 이루는 것)였다. 예수님도 나중에 그 원리를 다시 언급하셨다. 가족이 종종 한 지붕 아래 함께 모여 살면서 매우 가깝게 지냈던 고대에도 남녀가 부모를 떠나 독립적인 가정을 이루는 것이 가능했다. 새로운 가정을 이루려면 과거의 의무 가운데 일부를 중단해야 했다. 그것은 완전한 단절이 아닌 변화였다.

요즘에는 아예 결혼하지 않는 사람도 있고, 늦게 결혼하는 사람도 있다. 집에서 나와 혼자 사는 것도 똑같이 독립적인 성격을 띤다. 쉰 살이 된 어머니가 스물다섯 살 된 딸에게 전화를 걸어 "자식들을 그렇게 가르치면 안 된다. 네가 잘못하고 있는 일을 몇 가지 알려 주마."라고 말해서는 안 된다. 한계가 있는 법이다. 부모의 권위는 절대적이지 않다.

그러나 대다수 서구 사회의 문제는 부모에 대한 무조건적인 복종이 아니다. 서구 사회에서 더 큰 위험을 안고 있는 문제는 "부모에게 즉시 복종하겠습니다. 부모와 결별하고 나의 정체성을 확립하려 하지 않겠습니다."라는 식의 태도가 아니다. 서구 문화는 대부분 그런 식의 존경이나 맹종을 강하게 거부한다. 서구 사회는 '나이가 들수록 지혜도 늘기 때문에 더욱더 존경받아야 할 자격이 있다.'라는 식의 생각과는 거리가 멀다. 서구 문화는 '나이가 들면 뒷자리로 물러나야 한다. 젊은이의 문화가 곧 대중문화이고, 대중문화는 열다섯 살부터 스물다섯 살에 이르는 청년들의 문화다.'라는 식이다. 서구 문화는 앞서 간 세대를 존중하지 않는 경향이 다분하다.

그런 문화에 젖은 사람들이 교회에 가서 그와 정반대되는 것을 발견한다면 반문화적이라고 생각할 것이 분명하지 않겠는가? 교회에서는 "여기는 나이를 존중하고, 장로들의 지혜를 귀담아들어야 하는 곳이다."라고 말한다.

나는 지금도 비교적 젊은 축에 들기 때문에 "당신이 그렇게 말하는 이유는 사람들이 당신의 말을 들어 주기 원해서다."라는 식으로 오해하는 것은 곤란하다. 나는 지금 나보다 훨씬 더 나이가 많은 사람들의 말에 귀를 기울여 주기 바라는 마음에서 이런 말을 하고 있다. 이것이 내가 지금까지 목회자로서 힘써 온 일 가운데 하나다. 나의 아버지만큼 나이가 든 사람들(목회를 처음 시작할 당시에는 나의 할아버지뻘이었던 사람들)과 더불어 교회를 섬겨 온 것을 목회자의 가장 큰 특권 가운데 하나로 생각한다. 그들은 나의 학위나 직함에 상관없이 내가 존중하고 존경해야 할 사람들이다. 그들은 많은 점에서 나보다 훨씬 더 경건하다. 따라서 나는 그들의 말에 귀를 기울이고, 그들을 존경해야 한다.

우리는 십대들의 반항을 당연히 그럴 수밖에 없는 통과 의례로 생각한다. 하지만 그것은 당연히 그럴 수밖에 없는 일이 아니다. 그들의 반항적인 행위는 죄다.

물론 스스로 문제를 해결하면서 자신의 정체성을 확립하는 과정은 자연스러운 발달 과정에 해당한다. 예컨대 열다섯 살 된 자녀를 다섯 살 자녀처럼 대할 수는 없다. 그러나 독립에 이르는 과정이 반항이나 무례함이나 강퍅함이나 불순종을 묵인해 줄 면죄부가 되어서는 곤란하다.

왜 부모를 공경해야 하는가?

에베소서 6장 1절은 "주 안에서" 부모에게 복종하라고 명령한다. 예수님을 믿고 따르는 일에는 '부모 공경'이 포함된다.

십대나 이십대 초의 젊은이들 중에는 부모가 그리스도인이 아니거나 진실한 그리스도인이 아닌 상황에서 그리스도를 믿게 된 경우가 적지 않다. 안타깝게도 그들은 그리스도에 대한 열정이 뜨거워졌을 때 오히려 더 자녀답지 못하게 행동할 때가 있다. 그들은 부모가 모르는 것을 다 알고 있다고 생각하며 집으로 돌아간다. 물론 부모보다 믿음에 관해 더 많이 알 수도 있다. 그러나 믿지 않는 부모 앞에서 그리스도인이 되는 것이 그들을 공경하려 하지 않고 덜 공손한 사람이 되는 것을 의미하는 것처럼 행동해서는 안 된다.

오히려 자녀들이 집에 돌아왔을 때 부모로부터 "이번 학기에 대학에서 무슨 일이 있었는지 잘 모르겠지만 너는 항상 교회에 관한 것을 말하고, 성경책을 읽고 싶어 하는구나. 약간 이상한 생각이 든다. 네가 그 종교에 지나치게 몰두하는 것처럼 보여. 그러나 네가 달라진 것만은 분명하다. 네가 있어서 참 좋구나. 아마도 네가 믿는다고 고백하는 하나님에게 무엇인가가 있는 모양이야."라는 식의 말을 들어야 마땅하다. 그리스도에 대한 복종과 헌신은 부모에 대한 복종과 존경으로 이어져야 한다.

자녀들은 모든 일에서 부모에게 복종해야 한다. 왜냐하면 그것이 하나님을 기쁘시게 하는 일이기 때문이다(골 3:20).

부모의 말을 듣지 않으면 하나님을 기쁘시게 할 수 없다. 예수님은 완전하시고 그분의 부모는 불완전했지만, 그럼에도 그분은 부모에게 기꺼이 복종하셨다.

'나는 나의 부모보다 훨씬 더 많은 것을 알고 있어. 나의 부모보다 훨씬 나은 삶을 살고 싶어. 나는 그들보다 훨씬 더 완전해.'라고 생각한다면 예수님을 많이 닮았으니 축하해 주어야 할 일이다. 그러나 그분은 부모에게 한 번도 불순종한 적이 없으셨다는 사실을 기억해야 한다.

> 예수께서 함께 내려가사 나사렛에 이르러 순종하여 받드시더라. 그 어머니는 이 모든 말을 마음에 두니라(눅 2:51).

마리아의 심정을 충분히 이해할 수 있다. 만일 나의 자녀들이 내게 순종한다면 나도 그 모든 것을 마음에 소중하게 간직할 것이다.

성삼위 하나님 중 제2위격이시며 모든 것에 완전하신 예수님이 모든 일에서 부모에게 온전히 복종하셨다. 그분은 마리아나 요셉이 시키는 일을 빠짐없이 실행하셨다.

'옛날 임금 다윗성에'(Once in Royal David's City)라는 성탄절 노래에는 다소 감상적이긴 하지만 사실인 내용이 담겨 있다.

착하셔라.
어릴 때에 모친 순종하시고 사랑으로 섬기신 것
참된 본이 되셨네.
주님처럼 우리도 순종하며 살리라.[4]

이 가사는 사실 좀 거북하게 느껴졌다. 성탄절의 핵심, 곧 예수님께서 강림하신 목적은 우리를 그분처럼 착한 아이가 되게 하시기 위해서가 아니다. 우리 가운데 그분처럼 복종할 수 있는 사람은 아무도 없다. 그러나 이 가사는 모두 사실이지 않은가? 예수님은 부모를 공경하며 순종하셨다. 그리스도인 자녀들도 그분처럼 해야 한다. 그분은 우리의 본보기시다.

출애굽기 20장 12절에서 분명하게 확인할 수 있는 사실은 이것이 약속 있는 첫 계명이라는 것이다.

바울은 에베소서 6장에서 이 약속을 약간 변형시켜 "네 아버지와 어머니를 공경하라. … 이로써 네가 잘되고 땅에서 장수하리라"(2-3절)고 말했다. "네 부모를 공경하라. 그리하면 네 하나님 여호와가 네게 준 땅에서 네 생명이 길리라."라는 출애굽기 20장 12절은 단지 장수만

---

[4] Cecil Frances Alexander, "Once in Royal David's City", 1848.

을 약속하지 않는다. 성경의 저자들은 바보가 아니었다. 그들은 사람들이 죽어서 떠나는 현실 세계에 살았다. 모두가 백 살까지 사는 것도 아니고, 모두가 일찍 죽는 것도 아니었다. 땅에서 장수한다는 것은 단지 오래 산다는 것 이상의 의미를 지녔다. 이 말은 풍성한 생명과 관련이 있다. 하나님이 약속의 땅에서 베푸시는 축복을 마음껏 누리기 원한다면 부모에게 순종해야 한다.

또한 장수는 보상이지만 그것을 넘어서는 의미를 지닌다. 그것은 약속이다. 이 약속은 '오늘 열 번 복종했으니 수명이 1년 더 늘어났다'는 의미가 아니다. 이 약속은 세상이 작동하는 방식, 곧 하나님께서 정하신 이치를 인정하는 의미를 지닌다. 이 약속은 수학적인 공식과 같은 것이 아니라 부모를 공경하면 대체로 훨씬 더 형통한 삶을 살게 될 것이라는 의미다.

경건한 삶을 독려하시는 하나님의 방법이 참으로 놀랍지 않은가? 그분은 "부모를 공경하라. 그러지 않으면 너를 _____하게 하겠다"고 위협하실 수 있었다. 바울도 "이것은 큰 경고가 있는 첫 계명이다."라는 식으로 말할 수 있었다.

그러나 하나님은 그렇게 하지 않고 "내가 이치를 설명해 주마. 너는 이 일을 하고 싶어 하게 될 것이다. 너의 부패한 본성으로는 이 일을 하기 어렵겠지만 세상에서 오래 살고 싶지 않으냐? 사는 동안 축복을 누리고 싶지 않으냐?"라고 말씀하셨다. 그리고 우리에게 목적에 이르는 방법을 알려 주신다. 그 방법은 어릴 때 부모를 공경하는 것에서부터 시작된다.

사회과학을 공부해 본 사람은 (자유주의자든 보수주의자든 누구나) 공부를 하면 할수록 성인이 되어 건강한 삶을 살고, 학교생활을 잘하고, 범죄자가 되지 않고, 마약을 하지 않고, 난잡한 성관계를 맺지 않는 등 다양한 형태의 사회적 유익을 누릴 수 있는 가장 큰 '예측 변수'(predictor)가 바로 가정에서 일어나는 일이라는 사실을 거듭 확인할 수 있을 것이다.

물론 통계가 말하는 것보다 더 낫거나 못한 예외가 얼마든지 있지만 나를 사랑하고 나를 위하는 부모가 있느냐 없느냐와, 내가 그들의 말을 듣고 복종하느냐 하지 않느냐가 가장 큰 예측 변수라는 것은 분명한 사실이다. 이것이 바로 세상이 작동하는 방식이다.

자녀들은 부모가 필요하다. 이것은 성경적 진리다. 부모가 필요하지 않다고 생각하는 순간이 아마도 그 어느 때보다 그들에게 더 절실히 부모가 필요한 때일 것이다.

일고여덟 살일 때는 부모가 없는 삶을 생각조차 할 수 없다. 그때는 먹여 주고 돌봐 줄 누군가가 필요하다. 그러다가 조금 더 자라면 '잘 모르겠지만 나 스스로 이 일을 할 수 있을 것 같아. 친구들이 조금 더 중요해. 그들이 하는 일이 나의 부모가 내가 해야 할 일이라고 생각하는 것보다 더 좋아.'라고 생각하는 시점에 다다른다.

그리고 나서 십대가 되면 '부모님과 내가 필요한 관계인지 정말 모르겠어.'라고 생각하기에 이른다. 바로 그 순간이 사랑과 격려를 해 주고, 적절한 한계를 정해 주며, 충동에 이끌리지 않도록 보호해 줄 부모가 그 어느 때보다 더 절실히 필요한 때다.

어떻게 공경해야 하는가?

이번에는 실천적인 방법을 생각해 보자. 십계명의 제5계명에 복종하려면 어떻게 해야 할까?

먼저 이 계명은 단순히 부모와 자녀와의 관계에만 적용되지 않는다. 이 계명은 물론 다른 계명 모두 포괄적인 적용이 가능하다는 것이 오래된 전통적 견해다.

그리스도인들은 항상 십계명의 제5계명이 단지 부모와 자녀와의 관계만이 아니라 우리의 삶 속에 존재하는 다른 모든 권위와의 관계를 위한 본보기라고 이해해 왔다.

신약성경은 노예들이 주인에게 복종해야 한다고 가르친다. 이를 오늘날의 상황에 적용하면 고용인은 고용주에게 복종해야 한다. 또한 아내들은 주님께 하듯 남편에게 복종해야 하고, 신자들은 교회의 지도자들에게 복종해야 하며(히 13:7), 젊은이들은 노인에게 복종해야 하고(벧전 5:5), 국민은 통치자에게 복종해야 한다(롬 13장).

디도서 3장 1절도 통치자들과 권세 잡은 자들에게 순종하며 복종하고, 모든 선한 일을 할 준비를 갖추라고 가르치고, 베드로전서 2장 17절도 하나님을 두려워하고 왕을 존대하라고 가르친다.

감사하게도 우리는 종교와 언론의 자유가 있는 나라에 살고 있다. 지도자들이 악하게 행동하면 그들을 자유롭게 비판할 수 있다.

구약 시대에도 그랬다. 선지자들은 종종 왕을 엄중히 꾸짖었다. 민주 공화국에서는 우리를 다스리는 자들을 지지하거나 비판함으로써 변화를 일으킬 수 있는 기회가 주어진다. 그런 비판 중에는 정당한 것이 많다.

그러나 우리는 하나님을 두려워하고, 왕을 존중해야 한다. 우리는 정부의 권위에 복종해야 한다. 심지어 우리가 투표해서 뽑은 사람이 아니거나 지도자로 뽑힐 자격이 없다고 생각하는 사람에게까지 그래야 한다. 우리는 그들의 통치를 받는다. 그들을 비판할 때에도 그들에게 주어진 직위나 직함(어떤 때는 선을 베풀기도 하고, 어떤 때는 심판을 베풀기도 하는 권한)을 존중해야 한다.

부모를 공경하는 말

마지막으로 이번 장을 마무리하기 전에 부모를 공경할 수 있는 간단한 방법 네 가지를 소개하면 다음과 같다.

첫째는 "네, 어머니." 혹은 "네, 아버지."라고 말하는 것이다. 기꺼운 태도로 신속히 복종하는 것이 부모를 공경하는 방법이다.

어머니가 "아들, 마루 좀 쓸어 주겠니?"라고 말하면 "네, 어머니."라고 대답하라. 그렇게 하면 정말 멋질 것이다. 혹시 그런 말이 선뜻 나오지 않거든 그저 빙긋이 미소를 짓기만 해도 괜찮다. 심지어 "귀찮아요!"라고 거부감을 나타내지 않는 것만 해도 좋은 출발이 될 것이다. "싫어요!"나 "내가 어지럽히지 않았어요."라고 말하지 말라.

만일 "내가 어지럽히지 않았어요."라고 말하면 어머니로부터 긴 잔소리를 듣게 될 것이 뻔하다. 분명히 어머니는 "지금 네가 어지럽히지 않은 것을 치워야 한다고 말하는 거니? 이리 와서 좀 앉아 봐."라고 말할 것이다. 그런 상황을 만들지 말라. "예, 어머니."라고 대답하라. 그러면 너무나도 멋질 것이다.

둘째는 "감사합니다. 어머니." 혹은 "감사합니다. 아버지."라고 말하는 것이다. 나의 자녀들에게서 그런 말을 들으면 정말 기분이 좋다. 녀석들은 그런 말을 참 잘한다. 부모와의 관계가 힘들거나 부모를 여읜 지 오래된 자녀들인 경우에는 그런 말을 가르치기가 어렵다. 그러나 부모와 함께 살고 있거나, 어딘가에 살아 계시다면 전화를 걸어 "감사하다는 말을 하고 싶어서 전화했어요. 그동안 감사하다는 말을 충분히 했는지 잘 모르겠어요. 깨끗하게 재워 주시고, 먹여 주시고, 키워 주시고, 성탄절에 선물도 사 주셨는데 감사하다는 말을 잘 하지 못했어요. 그래서 그냥 감사하다는 말을 하고 싶었어요."라고 말하라.

셋째는 "죄송해요."라고 말하는 것이다. 아마도 이 말을 하는 것이 앞의 말보다 훨씬 더 어려울 것이다. 유명한 사람들이 속마음은 전혀 그렇지 않으면서 겉으로만 "피해를 끼쳤다면 미안합니다."라고 말하는 것처럼 하지 말라. "죄송합니다. 하지만 그들이 한 짓이 더 나빠요."라고 말하지 말고 "죄송합니다. 그렇게 하지 말아야 했습니다. 잘 알면서도 그랬습니다."라거나 "그때는 잘 몰랐지만 지금은 충분히 깨달았습니다."라고 말하라.

"죄송합니다."라는 한 마디 때문에 부모와의 관계가 어떻게 개선될지 누가 알겠는가?

만일 '85퍼센트는 나의 부모가 잘못했어. 그들은 아무것도 인정하지 않았어. 내가 "죄송해요."라고 말하면 그들은 결코 자신들의 잘못을 깨닫지 못할 거야.'라는 생각이 든다면 성령님께서 그들의 마음속에서 역사하시게 하라. 성령님은 그렇게 생각하는 자녀의 마음속에서도 똑같이 역사하실 것이다. 그리고 벌써 오래전에 했어야 할 말, 즉 "죄송해요."라는 말을 할 수 있도록 이끌어 주실 것이다.

마지막은 "잘 지내시죠?"라고 안부를 묻는 것이다. 부모님 집에 잠시 들르거나 전화를 걸거나 사진을 보내거나 문자를 전송하라. 가능하면 명절에 찾아뵈어라.

부모, 특히 어머니는 자녀들과 손자들이 한자리에 모이는 것을 세상에서 가장 기쁘게 생각할 것이 틀림없다. 그런데 그런 일이 항상 있을 수 있을까? 그럴 수는 없다. 그러나 "잘 지내시죠?"라고 안부를 묻는 것만으로도 부모는 세상을 다 가진 것처럼 기뻐할 것이다. 그것이 출발점이다.

전화기를 들고 "지난 몇 주 동안 전화를 드리지 못했네요. 잘 지내시죠?"라고 말하라. "지금 저는 이런 책을 읽고 있어요. 저자가 전화를 걸라고 말하더군요. 어떻게 지내고 계세요?"라고 말해도 괜찮다. 그것이 출발점이다. "잘 지내시죠?"라고 안부를 묻는 일을 절대로 중단하지 말라.

자녀가 없거나 부모가 살아 계시지 않거나 심지어 그들이 누구인지조차 모르는 사람이라면 하나님의 가족을 사랑함으로써 그분을 기쁘시게 해 드릴 수 있다.

어떤 점에서 예수님은 "내 어머니와 내 동생들은 곧 하나님의 말씀을 듣고 행하는 이 사람들이라"(눅 8:21)라는 말씀으로 전통적인 가족의 단위를 상대화시키셨다. 이것이 친족을 뜻하는 용어들이 신약성경에 그토록 자주 사용된 이유다.

바울은 스스로를 영적 아버지로, 자신이 편지를 보낸 사람들을 영적 자녀로 일컬었다. 우리는 주님의 형제와 자매들이다. 따라서 우리 모두에게 십계명의 제5계명을 지킬 수 있는 기회가 주어졌다. 우리에게는 공경해야 할 하늘의 아버지가 계시고, 사랑해야 할 그분의 가족이 있다. 이것이 우리 모두에게 좋은 출발점이 될 것이다.

질문과 적용

1. 십계명의 제5계명이 뒤이은 계명들의 토대가 되는 이유는 무엇인가?

2. 신명기 21장 18-21절에 기록된 율법과 누가복음 15장 11-32절에 기록된 예수님의 비유를 읽으라. 율법과 비유의 차이가 그리스도 안에서 우리에게 나타난 하나님의 은혜에 관해 무엇을 말하는가?

3. 무엇이 부모를 공경하는 것인가? 부모를 가장 잘 공경하는 방법을 알려면 무엇을 지침으로 삼아야 하는가?

4. 예수님은 십계명의 제5계명을 어떻게 지키셨는가? 그 과정에서 예수님이 어떤 어려움을 겪으셨을 것이라고 생각하는가? 그렇게 생각하는 이유는 무엇인가?

5. 십계명의 제5계명은 단순히 부모를 공경하는 것 외에 또 어떤 의미를 지니는가?

6.

살인하지 말라

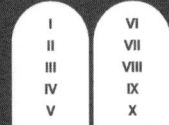

살인하지 말라

출애굽기 20:13

십계명의 제6계명은 "살인하지 말라"는 단 한 문장으로 이루어져 있다. 히브리어 원문도 '부정'(not)을 뜻하는 '로'(lo)와 '살인하다'를 뜻하는 '라차흐'(ratsach) 두 단어뿐이다.

이처럼 이 계명은 논란의 여지가 없는 자명한 계명인 것처럼 보인다. 굳이 말하지 않아도 인간이고, 선한 이웃이라면 누구나 이 계명을 알 수 있다. 시대와 장소를 막론하고 모든 사람이 살인해서는 안 된다는 것에 동의한다.

그러나 살인이 왜 잘못인지를 생각해 본 적이 있는가?

오늘날 살인이 잘못이라는 것은 보편적으로 인정되는 사실이지만 그 이유가 무엇인지 궁금하지 않은가?

밖에 나가 동네 사람 아무나 붙들고 대화를 나누어도 백이면 백 모든 사람이 살인은 잘못이라고 말할 것이다. 그들에게 그 이유를 물어보면 아마도 "우리 사회가 올바로 기능하려면, 우리가 인간으로서 안전하게 살면서 번영을 누리려면 서로를 아무렇게나 죽일 수는 없다"고 대답할 것이다. 대다수 사람은 공리주의적인 윤리에 근거하여 이 계명의 정당성을 옹호할 것이 틀림없다.

살인이 잘못인 이유는 무엇일까? 그 이유는 단지 삶의 이치가 그렇기 때문이다.

그러나 이런 사실은 '우리의 생명이 보호받을 가치가 있는지 없는지를 누가 결정하는가?'라는 또 다른 질문을 제기한다. 대체 어느 누가 우리의 생명을 죽여 없애면 세상이 더 나아질 수 없다고 말하는 것일까?

그리스도인인 우리는 생명의 신성함이 단순히 실용적인 차원에만 국한되지 않는다는 사실을 잘 알고 있다. 성경은 모든 인간이 하나님의 형상으로 창조되었다고 가르친다(창 1:26-27). 인종이나 체제, 건강 상태나 나이, 장애나 비장애에 상관없이 인간이면 누구나 고유한 가치와 존엄성을 지닌다. 그 이유는 모든 사람이 하나님의 형상으로 창조되었기 때문이다.

성경적인 인간학에서 비롯한 십계명의 제6계명은 공리주의보다 한층 더 깊고 선하며, 실용적인 개념보다 한층 더 나은 것에 근거한다. 따라서 나는 다음의 세 가지 질문을 중심으로 이 계명의 의미를 살펴보고 싶다. 첫 번째, '십계명의 제6계명은 무엇을 금지하는가?' 두 번째, '이 계명을 우리의 문화적 상황에 어떻게 적용해야 할까?' 세 번째는 '예수님께서 이 계명을 얼마나 깊이 있게 바꾸어 놓으셨는가?'이다.

무엇을 금지하는가?

간단히 말해 이 계명은 무고한 인명을 빼앗는 행위를 금지한다. '살인'(murder)은 이 계명에 사용된 히브리어 '라차흐'의 의미를 잘 살린 번역이다. '죽이다'(kill)라는 번역보다 더 정확하다. '라차흐'라는 히브리어는 모세 오경에서 부지중에 살인을 저지른 사람이 피해자의 가족이나 친구에게 보복을 당하기 전에 피해 달아날 수 있는 도피처를 언급하는 성경구절에 주로 사용되었다. 그런 구절들을 제외하면 '라차흐'라는 용어는 그리 자주 등장하지 않는다. 그와 달리 '죽이다'를 뜻하는 히브리어 '카탈'(qatal)이 사용된 횟수는 수백 회에 달한다. '라차흐'와 '카탈'은 차이가 있다.

구약성경에서 알 수 있는 대로 이 계명은 정당방위를 금하지 않는다. "도둑이 뚫고 들어오는 것을 보고 그를 쳐 죽이면 피 흘린 죄가 없으나 해 돋은 후에는 피 흘린 죄가 있으리라"(출 22:2-3). 침입자로부터 자신을 방어하기 위해 그를 죽이는 것 외에 달리 방법이 없을 때는 죄가 없다.

그러나 3절은 "해 돋은 후에는 피 흘린 죄가 있으리라"고 말씀한다. 이는 상황을 분명하게 파악할 수 있어 굳이 살인할 필요가 없을 때 살인한 경우에는 죄가 있다는 뜻이다. 그러므로 정당방위인 경우에는 십계명의 제6계명을 어기는 것이 아니다.

창세기 9장에 따르면 사형도 이 계명을 어기는 것이 아니었다. "다른 사람의 피를 흘리면 그 사람의 피도 흘릴 것이니 이는 하나님이 자기 형상대로 사람을 지으셨음이니라"(창 9:6). 살인죄로 인한 사형은 하나님의 형상을 파괴하는 것이 아니라 보호하는 것이다. 인간의 생명은 너무도 귀하기 때문에 살인죄에는 혹독한 형벌이 주어졌다.

출애굽기 21장에 명시된 "눈에는 눈, 이에는 이"라는 유명한 '동해복수법'(lex talionis)은 잔인하거나 이례적인 형벌이 아니었다.

간디(Gandhi)는 "'눈에는 눈'이라는 법칙은 온 세상을 눈멀게 만든다"고 말했고, 우리는 '그래, 맞아. 그것은 그리 좋은 법칙이 아니야.'라고 생각한다. 그러나 고대 근동지역의 상황에서 보면 이것은 매우 인간적인 법률이었다. "눈에는 눈, 이에는 이"는 "눈에는 머리로, 이에는 네 가족으로 보상을 받겠다. 내게 피해를 입혔으니 네 종족을 멸하겠다."와 달리 매우 공정한 원칙이었다. 이 법칙은 형벌이 범죄보다 과도하지 않고, 거기에 합당해야 한다는 선례를 세웠다. 생명에는 생명으로 갚을 뿐 그 이상도 그 이하도 아니다.

로마서 13장에도 이와 똑같은 원리가 발견된다. 정부 관리들은 선을 베풀고, 하나님의 진노하심에 따라 악을 행하는 자들에게 보응하기 위해 세우심을 받은 그분의 종들이다(4절). 따라서 사형은 십계명의 제6계명을 어기는 죄로 간주되지 않았다.

특정한 상황에서는 전쟁도 마찬가지였다. 언제나 평화가 중요하지만 평화를 지키기 위해 전쟁이 필요할 때도 있다. 구약성경은 전쟁을 금하지 않았다. 하나님은 이스라엘 백성을 전쟁터에 내보내셨고, 스스로 그들을 위해 싸우셨다. 정부 권력은 무고한 사람들을 보호하고, 하나님의 진노하심을 대신 베푸는 대행기관이다(롬 13장).

잘 알다시피 예수님은 백부장에게 "가서 더 이상 죄를 짓지 말라. 나를 따라오려거든 로마 군대의 백부장이라는 직위를 버려라."라고 말씀하지 않으셨다. 사도행전에 등장하는 고넬료는 하나님을 경외하는 사람으로 일컬어졌다. 세례 요한은 어떤 군인들이 찾아와서 회개하려면 무엇을 해야 하느냐고 물었을 때 "악한 로마 군대를 떠나라. 군인이면서 동시에 하나님의 백성이 될 수 없다."라고 말하지 않고, 비록 로마 군대처럼 종종 불의한 일을 저질렀던 군대에 몸담고 있을지라도 "사람들을 위협하거나 거짓으로 죄를 뒤집어씌워 돈을 강탈하지 말고, 정직하고 명예로운 군인이 되라"고 가르쳤다(눅 3:14 참조). 이처럼 십계명의 제6계명은 정당방위, 사형, 의로운 전쟁을 금지하지 않았다.

그러나 이 계명은 계획적이고 고의적인 살인은 금지했다. 예컨대 레위인의 첩을 살해한 것이나 포도원을 뺏기 위해 나봇을 살해한 것과 같은 행위가 여기에 해당한다.

또한 이 계명은 계획적이지는 않지만 고의나 과실에 의한 살인도 아울러 금지한다. 음주운전으로 사람을 죽이는 행위처럼 누군가를 죽이려는 의도는 없었지만 부주의한 잘못으로 다른 사람을 사망에 이르게 하는 행위가 후자에 해당한다.

이스라엘의 율법은 우발적인 살인과 증오심에 의한 고의적 살인을 구별했다(신 19:1-13). 구약의 율법이 살인의 의도성을 고려한 것은 매우 지혜로운 일이었다. 그러나 십계명의 제6계명은 부주의에 의한 살인을 명백하게 금지했다.

네가 새 집을 지을 때에 지붕에 난간을 만들어 사람이 떨어지지 않게 하라. 그 피가 네 집에 돌아갈까 하노라(신 22:8).

소가 남자나 여자를 받아서 죽이면 그 소는 반드시 돌로 쳐서 죽일 것이요 그 고기는 먹지 말 것이며 임자는 형벌을 면하려니와 소가 본래 받는 버릇이 있고 그 임자는 그로 말미암아 경고를 받았으되 단속하지 아니하며 남녀를 막론하고 받아 죽이면 그 소는 돌로 쳐 죽일 것이고 임자도 죽일 것이며(출 21:28-29).

언뜻 생각하면 이 율법은 조금 낯설게 느껴진다. 우리는 산책을 나갔을 때 소가 달려들까 봐 걱정하지도 않고, 지붕에 난간을 설치하는 것을 걱정할 필요도 없다. 그러나 우리에게는 움푹 들어간 웅덩이에 울타리를 두를 것을 요구하는 법률이 있다. 우리도 이스라엘 백성이 소나 지붕으로부터 사람들을 보호해야 했던 것처럼 사람들이 웅덩이에 빠지지 않도록 보호해야 할 의무가 있다.

당시의 사람들은 저녁에 서늘함을 즐기기 위해 지붕에 올라갔다. 그들에게 지붕은 부가적인 생활공간이었다. 하나님의 의도는 이웃의 안전에 관심을 기울여야 한다는 것이었다. "당신이 지붕에서 떨어졌으니 당신 잘못이오."라고 말하는 것은 옳지 않았다. 하나님은 이스라엘 백성에게 이웃의 안위를 고려해 지붕에 난간을 설치하라고 명령하셨다.

소도 그와 비슷한 경우였다. 소가 미쳐 날뛰다가 사람을 받아 죽이는 것은 사고였다. 그러나 소유주가 소가 사람들을 받는 습성이 있다는 것을 사전에 알고도 그렇게 하도록 방치해 누군가가 목숨을 잃게 된다면 이웃의 안전을 고려하지 않은 죄로 사형을 당해야 했다.

이처럼 십계명의 제6계명은 잔혹하고 계획적인 살인을 금지하는 데서 멈추지 않는다. 이 계명은 직접적인 행위나 과실과 부주의에 의한 행위로 무고한 사람이 희생되는 경우 모두를 금지한다. 이것이 첫 번째 질문에 대한 답변이다.

어떻게 적용해야 하는가?

십계명의 제6계명은 우리에게도 똑같이 적용된다. 우리도 고의적인 살인이든 우발적인 살인이든 모든 형태의 살인에 관심을 기울인다. 나는 여기에서 이와 관련해 특별히 적절하다고 생각되는 세 가지 문제를 잠시 생각해 보고 싶다(이것은 때로 많은 논란을 야기한다).

자살을 금지한다

가족이나 친구의 자살을 경험한 사람들에게는 이보다 더 고통스러운 주제가 없을 것이다. 자살은 죄다(용서받을 수 없는 죄가 아니라 그냥 죄다). 지금 막 자살로 사랑하는 사람을 잃은 가족을 심방해야 할 목회자의 입장에서 이런 말을 하는 것은 아니다. 나의 의도는 그런 상황에 목회적인 돌봄을 적용하는 방식을 알려 주려는 것이 아니라 이 문제에 대한 교리적 근거를 제시하려는 데 있다.

정신질환이나 뇌 손상 같은 이유로 자살을 시도한 사람은 스스로의 신체 기능을 정상적으로 통제하기가 어렵다. 그런 사람은 이성적인 결정을 내릴 수 있는 능력이 없다. 하지만 그와 같이 극단적인 경우를 제외한 대부분의 자살은 그 자체로 매우 비극일 뿐 아니라 도덕적으로 비난을 받을 만한 책임이 있다. 교회는 전통적으로 자살을 십계명의 제6계명을 어기는 행위로 간주해 왔다. 그 이유는 자살도 자기 자신을 죽이는 살인이기 때문이다.

성경에 나오는 자살은 모두 다섯 번이다(삿 9:50-57; 삼상 31:1-7; 삼하 17:23; 왕상 16:15-19; 마 27:3-10). 이것은 모두 수치와 실패의 상황에서 일어났다. 요나나 욥처럼 경건한 사람들은 하나님께 자신의 생명을 거두어 달라고 기도했고, 하나님은 스스로를 망치려는 그들의 요구를 허락하지 않으셨다.

유명한 영화배우, 운동선수, 연예인들이 자살했다는 소식이 종종 들려온다. 로빈 윌리엄스(Robin Williams)의 죽음에 놀라며 슬퍼한 사람이 많았다. 사람들은 많은 대화를 나누며 의견을 내놓았지만 별로 유익하지도 않았고, 시기도 부적절했다. 그러나 계속해서 언급되었던 주제 가운데 하나는 도덕적인 책임의 결핍이었다. "우리 모두에게는 저마다의 귀신이 들러붙어 있다. 우리는 이런 사실을 직시해야 한다. 자살한 사람을 어떤 식으로든 윤리적으로 비난해서는 안 된다."

처음에 들으면 따뜻하고 동정적인 말처럼 들리지만 사실은 그렇지 않다. 10년 전에 '성경적인 상담'(the Journal of Biblical Counseling)이라는 잡지에 글을 썼던 줄리 고색(Julie Gossack)이라는 여성의 말을 들어 보자. 그녀는 가족 중에 자살한 사람이 다섯 명이나 되는 집의 아내

이자 어머니이다. 그녀의 고통은 가히 상상조차 하기 어렵다. 그녀는 이렇게 말했다.

> 자살은 유전적인 특성도 아니고 '가문의 저주'도 아니다. 자살은 개인이 선택한 죄다. 이것은 사랑이 없거나 무례한 말이 아니다. 진리다. 나는 자살한 내 가족들을 사랑하지만 그들의 선택은 옳지 않은 죄였다.[1]

그녀는 혹시나 어두운 곳에서 자살을 고려하는 사람이 있고, 그것을 막아 줄 방책이 아무것도 없는 경우에는 하나님의 율법으로 도움을 받게 하기 위해 사랑의 마음에서 그런 말을 하는 것이라고 덧붙였다. 자살이 유일한 탈출구처럼 느껴질 수 있지만 하나님은 우리를 절대로 십계명의 제6계명을 어기는 길 외에는 다른 길이 없는 상황으로 몰아넣지 않으신다. 자살은 하나님을 기쁘시게 하지 못한다는 말을 삼간다고 해서 고통을 겪는 신자들을 도울 수 있는 것은 아니다. 사랑으로 적절한 때에 그런 말을 해 주면 하나님께서 자살을 고려하는 영혼을 다시금 더 건전하고, 더 낫고, 더 올바른 생각을 하도록 이끌어 주실 것이 틀림없다. 삶이 아무런 의미가 없다는 결론에 도달했을 때도 하나님은 우리의 생명을 여전히 귀하게 여기신다.

---

1) Julie Gossack, "Life after the Suicide of a Loved One", January 2, 2006; *Journal of Biblical Counseling*, vol. 24, no. 1 (Glenside, PA: Christian Counseling & Educational Foundation), n.p.

낙태를 금지한다

"주께서 내 내장을 지으시며 나의 모태에서 나를 만드셨나이다" (시 139:13). 시편 저자는 모태에 있는 태아의 생명을 언급했다. 앞에서 "눈에는 눈"이라는 율법을 언급했다(출 21:24). 문맥에 따르면 이 율법은 여인의 태아를 상하게 한 행위와 관련된다. 그런 행위에 형벌이 주어지는 이유는 태아를 엄연한 생명체로 간주했기 때문이다. 교회는 최근까지 낙태를 반대해 왔다. 『12사도 교훈집』은 "낙태로 태아를 죽이거나 갓 태어난 아이를 죽이지 말라"고 가르쳤다(둘 다 고대 사회에서 흔히 저질러진 행위다). 이것은 어린아이들은 귀중하고, 보호받아야 한다는 유대·기독교적인 세계관에 입각한 가르침이었다. 칼빈은 출애굽기 21장 22-25절을 주석하면서 이렇게 말했다.

> 태아는 비록 모태 안에 들어 있을지라도 엄연한 인간이다. 태아에게서 미처 누리지 못한 생명을 빼앗는 것은 사악한 범죄다. 집은 인간에게 가장 안전한 피난처이기 때문에 들에서보다 집 안에서 사람을 죽이는 것이 더 끔찍한 범죄에 해당할 것이다. 그와 마찬가지로 빛을 보기도 전에 모태 안에 있는 태아를 죽이는 것도 한층 더 잔혹한 행위로 간주해야 마땅하다.[2]

생명은 임신과 함께 시작한다. 이것은 과학적인 사실이다. 어떤 발

---

2) Calvin's *Commentary*, vol. 3, *Harmony of Exodus, Leviticus, Numbers, Deuteronomy* (repr. Grand Rapids, MI: Baker, 1993), n.p.

생학 서적을 보더라도 인간의 생명이 임신을 통해 생식세포가 결합하는 순간에 시작된다고 되어 있다. 인간은 누구든 그 본래의 생명체로부터 형성된 것이다. 우리는 그 생명체와 조금도 다르지 않다. 그것이 곧 우리다.

모태 속에 있는 생명을 없애는 것이 적절하다고 생각하려면 사람의 인격이 생물학적인 생명이 시작될 때와는 다른 때에 형성되기 시작한다고 생각해야 한다. 그러나 성경은 영혼과 육체가 유기적으로 깊이 연결되어 있기 때문에 생물학적인 생명이 시작되는 순간부터 인격도 함께 시작된다고 전제한다(이것은 서구 사회의 모든 사람이 최근까지 동의해 온 사실이다). 고대의 이단인 영지주의는 영혼과 육체가 유기적으로 결합되어 존재하지 않는다는 이원론을 주장하면서 영혼이 육체에 갇혀 있기 때문에 육체로부터의 해방을 필요로 한다고 가르쳤다. 그러나 성경적인 인간학은 영혼과 육체는 서로 구별되지만 유기적으로 긴밀하게 결합되어 있다고 가르친다. 생물학적인 생명이 시작되는 순간부터 하나님을 영화롭게 하기 위해 그분의 형상으로 창조된 인간, 곧 마땅히 보호받을 가치와 권리가 있는 인격체가 존재한다.

안락사를 금지한다

이른바 '조력 자살'(Assisted suicide)에 관한 법률이 미국과 서구 사회에서 많은 논란을 불러일으키고 있다. 법의학 전문가들은 이 법률이 많은 문제를 안고 있다고 지적한다. 이 법률 가운데 일부는 가족에게 고지해야 할 의무를 요구하지 않고, 어떤 의사가 진단을 내려야 하는

지도 구체적으로 밝히지 않을 뿐 아니라 심지어 환자 스스로가 동네 약국에서 약을 사 먹고 목숨을 끊는 것을 허용하기까지 하고, 의사들이 치료 불가능하다는 진단을 잘못 내리는 경우에 대해서도 아무런 규정을 제시하지 않는다.

이 법률이 안고 있는 윤리적인 문제들도 만만치 않기는 마찬가지다. 병자나 노인의 안락사는 부추기면서 어떻게 십대 청소년과 젊은 이들의 자살은 막으려는 것인가?

그와 반대로 고등학교에 가 보면 '자살을 거부하지 말라'거나 '자살을 생각하는가? 여기 그 방법이 있다'는 식의 게시물을 종종 볼 수 있다. 학생들에게는 그렇게 말하면서 어떻게 노인들에게는 다른 말을 할 수 있겠는가?

우리는 무고한 모든 생명을 보호하고 보존하기 위해 최선의 노력을 다해야 한다. 동정심을 모호하게 정의한 개념으로 우리의 생각을 흐리게 만들어서는 안 된다. 치료를 종결하는 것과 생명을 종결하는 것은 엄연히 다르다.

때로 사람들은 "나는 호흡기를 착용하고 싶지 않소. 기계가 나를 대신해서 내 삶을 사는 것을 원하지 않소."라는 식으로 자살을 자랑 삼아 떠벌린다. 안락사에 관한 법률은 그런 경우와는 아무런 상관이 없다.

나의 할아버지는 2년 전에 90세의 나이로 세상을 떠나셨다. 세상을 떠날 때가 되자 할아버지의 기력이 급격히 쇠했다. 할아버지는 요양병원에서 "저희가 시도할 수 있는 방법이 몇 가지 있습니다. 먼저 어르신을 억지로라도 자리에서 일어나 움직이게 만들어 좀 더 치료할 수 있습니다. 그러면 너덧 달 동안 더 사실 수 있을 겁니다. 혹은 어르신을 편안하게 해 드리면서 완화치료를 시도하면 침대에서 편히 안식하실 수 있지만 두 주 이상을 넘기지 못하실 겁니다."라는 말을 들었다. 할아버지는 "내 나이가 아흔이오. 살 만큼 충분히 살았소이다. 이제 안식하고 싶소. 내 생명을 너덧 달 더 연장하기 위해 그런 일을 하고 싶지는 않아요."라고 말씀하셨다.

우리 중에는 이런 식의 결정을 내려야 할 사람이 많다. 그리고 그런 결정을 내려야 했던 사랑하는 사람들을 알고 있다. 그들의 결정은 잘못이 아니다. 할아버지는 생명을 끊는 것이 아니라 치료를 중단하는 것을 선택했을 뿐이다.

안락사에 관한 법률은 대다수 사람이 예상하지 못하는 결과들을 초래한다. 네덜란드는 안락사를 허용한 최초의 나라다. 시간이 지나면서 그들은 자발적인 선택이 비자발적인 선택으로 바뀌는 것을 목격했다. 조력 자살이 생명을 끊을 수 있는 방법 가운데 하나로 용인되자 보험회사들은 "고객님의 생명을 6개월이나 1년 더 연장하는 치료를 위해 비용을 댈 생각이 없습니다. 이 알약을 복용하고 생을 마감하세요."라는 식으로 말하기 시작했다. 환자가 보험회사와 국가와 가족에게 부담스러운 짐으로 변한 것이다. 그 결과 네덜란드에서는 환자 자신이 아닌 환자의 가족들이 조력 자살을 점점 더 많이 요구하게 되었다.

네덜란드가 나치의 점령 아래 있을 당시의 네덜란드 의사들은 노인과 위독한 환자들을 죽게 방치하라는 나치의 명령에 복종하기를 거부했다. 그런데 2001년이 되자 네덜란드는 의사의 도움에 의한 자살을 법적으로 인정한 최초의 나라가 되었다. 말콤 머거리지(Malcolm Muggeridge)가 지적한 대로 전쟁 범죄가 고작 한 세대 만에 동정심의 행위로 바뀌었다.[3] 연약한 자들을 보살피는 사람에게 복이 있다(시 41:1 참조).

인간의 생명은 모두 소중하다. 태어나지 않은 생명도, 특별한 장애를 앓고 있는 아이들의 생명도, 늙은 부모의 생명도 모두 소중하다. 심지어 치매를 앓는 탓에 아무것도 기억하지 못하는 노인들도 여전히 하나님의 형상으로 창조된 인간이다. 언어 장애가 있는 어린아이나 부모, 휠체어 신세를 지고 있는 사람들, 다른 사람이나 의사에게 전적으로 의존하는 사람들도 모두 소중하기는 마찬가지다.

하나님은 모든 생명을 귀하게 여기신다. 눈을 크게 뜨면 모세 율법의 '동해 복수법'처럼 이해하기 어려운 성경 본문에서도 그런 사실을 분명하게 확인할 수 있다. "하나님의 형상"(imago Dei)은 물론 성육신 사건(하나님께서 무력한 갓난아이의 모습으로 세상에 오신 것)에도 그런 사실이 명백하게 드러나 있다.

우리 자신과 우리의 자녀들과 부모들의 생명을 보호하고, 존중하며, 감사하자. 십계명의 제6계명은 우리에게 생명을 보호하라고 명령한다.

3] Edmund P. Clowney, *How Jesus Transforms the Ten Commandments* (Phillipsburg, NJ: P&R, 2007), 79.

예수님을 바라보라

마지막으로 문화적인 분석에서 마음의 분석으로 초점을 옮겨 모든 논의를 마무리하고 싶다. 예수님은 산상설교에서 십계명의 제6계명을 더욱 깊이 있게 바꾸어 놓음으로써 그 참된 의미를 이해할 수 있게 하셨다. 이 계명은 살인이라는 잔혹한 행위만을 금지하지 않는다. 이 계명의 범위 안에는 마음의 의도와 감정까지 포함된다(마 5:21-26). 실제로 살인을 저지르지 않았더라도 분노나 복수심이나 악담이나 욕설이나 노기를 자제하지 못한다면 하나님의 진노를 피하기 어렵다.

데이비드 폴리슨(David Powlison)의 『굿 앤 앵그리』(Good and Angry)에 보면 "당신은 심각한 분노장애가 있는가?"라는 제목을 붙인 장이 있다. 그 장은 매우 기발하다. 왜냐하면 장의 내용이 "그렇다."라는 한 마디뿐이기 때문이다.[4] 맞는 말이다. 우리는 모두 분노장애를 앓고 있다. 분노를 통제하지 못하면 지옥에 갈 수도 있다.

예수님이 분노에 관해 말씀하신 내용은 그것이 전부가 아니다. 그분은 두 가지 비유를 가르치셨다. 하나는 성전에 가는 사람의 비유이고, 다른 하나는 법정에 가는 사람의 비유다. 두 경우 모두 다른 사람을 분노하게 만든 일에 관한 것이다.

예수님은 분노가 매우 심각한 문제이기 때문에 우리가 마음에 품은 분노도 신속히 없애야 하고, 다른 사람의 마음에 있는 분노도 신

---

[4] David Powlison, *Good and Angry: Redeeming Anger, Irritation, Complaining, and Bitterness* (Greensboro, NC: New Growth Press, 2016), 23.

속히 가라앉혀 주거나 분노를 일으키지 않도록 조심해야 한다고 가르치셨다. 십계명의 제6계명은 단지 물리적인 살인이나 마음으로 저지르는 살인을 금지하는 데 그치지 않고, 화해를 시도하라고 적극적으로 명령한다.

예수님은 또한 산상설교에서 원수를 사랑하고 우리를 박해하는 사람들을 위해 기도하라고 가르치셨다.

정치에서는 흔히 '사회인구학 범주'라는 것을 중시한다. 모든 사람은 제각기 하나의 범주에 속한다. 예를 들면 백인 복음주의자, 아프리카계 미국인, 아시아계 미국인, 교육받지 못한 사람들, 노동계층, 상위 1퍼센트 등이다. 모든 사람이 저마다의 범주에 속해 있다. 예수님은 만일 우리를 사랑하고, 우리처럼 옷을 입고, 우리가 하는 일을 응원하고, 우리가 투표하는 사람들을 투표하는 사람들만 사랑한다면 그것은 조금도 어렵지 않은 일이라고 말씀하셨다. 누구나 다 그렇게 한다. 원수를 어떻게 대하는가? 나를 해롭게 하는 사람들을 어떻게 대하는가? 나를 이해하지 못하는 사람들을 어떻게 대하는가? 『하이델베르크 요리문답』은 하나님께서 시기와 분노와 증오심을 버리고, 이웃을 나 자신과 같이 사랑하며, 인내와 화평과 온유함과 자비와 친절로 그들을 대하라고 명령하셨다고 말한다.[5]

예수님께서 마태복음 5장 26절에서 뭐라고 말씀하셨는지 아는가? 그분은 분노에 사로잡혀 어리석은 일을 저지르면 "한 푼이라도 남김

---

5) Heidelberg Catechism, question and answer 107, *Ecumenical Creeds and Reformed Confessions* (Grand Rapids, MI: Faith Alive, 1988).

이 없이 다 갚기 전에는 결코 거기서 나오지 못하리라"고 말씀하셨다. 우리의 분노가 담긴 잔을 고집스럽게 쏟아 내면 또 다른 분노의 잔을 들이켜야 한다.

예수님은 우리가 잘 지키고 있다고 생각하는 계명을 우리가 실제로 얼마나 잘못 지키고 있는지 보여 주는 능력이 뛰어나시다. 과연 누가 의로운 분노를 품을 수 있을까? 의로운 분노가 있기는 하지만 우리의 분노는 대부분 그런 분노와 거리가 멀다. 우리는 배우자에게 말할 때도 그릇된 분노를 드러낼 때가 많고, 속으로 다른 사람을 은밀히 비난할 때도 많다. 또 지극히 사소한 일로 자녀들에게 화를 내기도 하고, 우리 앞에서 누가 자동차를 너무 천천히 몰고 갈 때도 마치 그것이 우리의 가족 전체를 모욕하는 행위라도 되는 것처럼 성질을 부린다. 예수님은 마지막 한 푼까지 다 갚을 것이라고, 곧 분노를 버리지 않으면 그 분노로 인한 결과를 남김없이 감당하게 될 때까지 거기에서 헤어나지 못할 것이라고 가르치셨다. 분노가 얼마나 심각한 문제인지를 분명하게 알 수 있다.

그러면 어떻게 해야 할까? 우리는 살면서 때로 분노를 느낀다. 분노가 우리 마음속에 머물러 있을 때는 다른 사람들의 눈에 띄지 않는다. 그런 경우 분노는 우리 마음속에서 하얀 김을 뭉게뭉게 피우면서 거품을 내며 부글부글 끓게 되고, 우리는 그 분노를 쏟아 낼 방법을 궁리한다.

그런 때에는 어떻게 해야 할까? 그런 때에는 겟세마네 동산으로 눈을 돌려 분노의 잔을 눈앞에 두셨던 예수님을 바라봐야 한다. 그분은 십자가의 죽음을 앞두고 "내 아버지여 만일 할 만하시거든 이 잔을 내게서 지나가게 하옵소서. 그러나 나의 원대로 마시옵고 아버지의 원대로 하옵소서"(마 26:39)라고 기도하셨다.

그 잔은 무슨 잔이었는가? 그것은 우리의 분노가 담긴 잔이 아니라 우리와 같은 죄인들에 대한 하나님의 분노가 담긴 잔이었다. 그것은 의롭지도 않고, 거룩하지도 않은 분노를 너무나도 자주 드러내는 우리 같은 사람들에 대한 하나님의 완전하고 의로운 분노가 담긴 잔이었다. 예수님은 "아버지여, 만일 이 길밖에 없다면 기꺼이 받아들이겠습니다."라고 말씀하셨다. 우리가 마셔야 마땅한 잔인데 예수님께서 대신 들이키셨다.

하나님의 계명을 단 한 가지도 어기지 않고, 심지어 마음속으로조차 살인을 저지른 적이 단 한 번도 없는 사람은 오직 주님 한 분밖에 없다. 그런 주님이 우리 같은 분노의 살인자들을 위해 대신 살해되셨다. 우리는 서로에게 분노의 잔을 쏟아붓지만 예수님은 우리를 위해 그 잔을 마시셨다.

질문과 적용

1. 십계명의 제6계명은 "살인하지 말라"(출 20:13)는 한마디뿐이다. 비록 한마디에 불과하지만 그 안에는 많은 것이 함축되어 있다. 다음의 질문을 생각해 보라.

    - 정당방위에 의한 살인은 십계명의 제6계명에 어떻게 부합하는가?

    - 십계명의 제6계명은 사형 제도와 관련해 어떤 의미를 지니는가?

    - 이 장을 읽고 나서 자신의 신념에 어떤 변화가 일어났는가?

2. 자살에 대한 성경의 가르침은 무엇인가? 복음은 사랑하는 이를 자살로 떠나보낸 사람들에게 어떤 위로와 소망을 주는가?

3. 저자는 할아버지의 마지막 삶을 언급하면서 그는 "생명을 끊는 것이 아니라 치료를 중단하는 것을 선택했을 뿐이다."라고 말했다. 그의 선택이 십계명의 제6계명을 어기지 않는 이유는 무엇인가?

4. 예수님은 십계명의 제6계명을 어떻게 바꾸어 놓으셨는가?

5. 우리가 십계명의 제6계명을 어긴 죄의 현실을 피할 수 없는 이유는 무엇인가? 예수님은 그런 죄를 덮어 주기 위해 어떻게 행동하셨는가?

7.

간음하지 말라

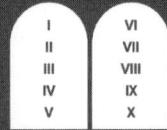

간음하지 말라

출애굽기 20:14

존 위더스푼(John Witherspoon)에 관해 박사 논문을 쓰던 중 에든버러(Edinburgh)의 '스코틀랜드 국립 보존 기록관'(the National Archives of Scotland)에서 잠시 시간을 보낸 적이 있다.

나는 그곳에서 몇 주 동안 18세기의 역사적인 교회 문서들을 살펴보았다. 다른 사람들이 생각할 때는 별로 재미있게 들리지 않을 수 있지만 나로서는 이 장로교 목회자와 관련해 다양한 당회와 노회와 총회의 옛 문서들을 살펴보는 일이 너무나도 흥미로웠다. 물론 오직 역사가들만이 관심을 기울일 수 있는 전문적인 논쟁과 조사 기록과 세부 사항들이었지만 지역 교회 차원에서도 적절성을 지닌 내용이 놀라울 정도로 많았다. 당회의 기록(장로들의 회의록)은 대부분 성 문제와 결혼을 다루는 데 집중되었다.

예를 들어 1747년 9월 25일, 마가렛 스노드그래스(Margaret Snodgrass)라는 이름의 한 여인이 스코틀랜드 베이스에 위치한 존 위더스

푼의 교회 당회 앞에 소환되었다. 그녀는 결혼도 하지 않았는데 아이를 기르고 있는 것이 사실이냐는 질문에 그렇다고 대답하고, 아이의 아버지가 존 쉐단(John Sheddan)이라는 사람이라고 주장했다. 장로들은 다음 달에 존을 소환해 "마가렛과 육체적인 접촉을 한 적이 있느냐"고 물었다. 그러자 그는 그 사실을 완강하게 부인했다. 그에 대한 당회의 심문은 계속되었고, 그도 계속해서 결백을 주장했다(당회의 기록은 그가 거짓말을 하고 있다고 암시한다). 3년이 지났지만 그 문제는 여전히 해결되지 않았다. 그 무렵 마가렛과 존은 결혼한 상태였지만 마침내 그들은 '부정한 행위'를 저지른 것으로 판단되어 온 회중 앞에 서야 했다.

그 외에도 같은 해에 그 교회에서 다루어진 사건을 한 가지 더 살펴보면 다음과 같다. 위더스푼은 윌리엄 미첼(William Mitchell)과 엘리자베스 코크란(Elizabeth Cochran)이라는 두 사람이 '비정상적인 결혼'을 했다는 이유로 그들을 견책했다. 비정상적인 결혼은 18세기 스코틀랜드에서 흔히 발생했던 문제로 부모의 승인이나 교회의 공식적인 의식과 축복을 거치지 않고 남녀가 은밀히 결혼해 서로를 배우자로 받아들여 자유롭게 성관계를 맺는 것을 의미했다.

교회는 그 문제를 어떻게 처리했을까? 그런 사람들은 과연 결혼한 부부일까, 아니면 죄 가운데서 사는 것일까?

교회는 윌리엄과 엘리자베스에게 벌금을 부과했다.

당시에 조지 킹(George King)이라는 사람과 그의 여종 마가렛(Margaret) 사이에 발생한 문제도 있었다. 마가렛은 자기 주인이 자기와 간통을 저질러 아이를 낳았다고 주장했다. 조지는 그런 비난을 부인하고, 마가렛이 아무 남자하고 정을 통하는 헤픈 여자라고 주장했다. 그러나 장로들은 조지를 믿지 않았다. 조지가 죄를 입증하려는 장로들의 노력을 계속해서 방해하자 그들은 그 문제를 당회에 상정했다. 당회 역시 결백을 주장하는 조지의 말을 믿지 않았다. 당회는 조지가 "그런 추잡한 행위를 저질렀는데도 계속 거짓으로 둘러대기만 하는 죄를 지었기 때문에 공중 앞에서 책망을 받아 마땅하다"고 판결했다. 그러나 조지는 계속 자신은 아무 죄도 없다고 주장했다.

이 사건은 10년 동안 지속되다가 웨더스푼이 교회를 떠날 무렵에 조지의 자백으로 종결되었다. 그는 결국 자신이 간음을 저질렀다고 인정했다.

어떤 죄는 절대로 변하지 않는다. 시대를 막론하고 학자들은 어디서나 똑같은 유형의 죄를 발견한다. 스콧 마네치(Scott Manetsch)는 『칼빈의 제네바 목사회의 활동과 역사』(Calvin's Company of Pastors)라는 훌륭한 책에서 1542-1609년 사이에 제네바에서 있었던 교회 권징에 관한 기록물을 연구했다. 65년 동안 '다툼'(결혼생활의 불화, 학대, 부당한 처우 등을 포괄적으로 일컫는 용어)으로 인해 1,572명의 남자와 777명의 여자가 교회의 권징을 받았다.

또한 스콧은 636명의 남자와 538명의 여자가 음행이나 간음으로 인해 권징을 당한 사실을 발견했다. 당시 제네바에서는 스무 종류가 넘는 범죄 행위가 권징을 받았는데 그 가운데서 다른 것보다 월등히 많은 비중을 차지했던 범죄는 두 가지, 곧 가정불화와 성적 범죄였다.[1] 오늘날에는 4백 년 전보다 성적 범죄를 저지르기가 더 쉽고, 또 다수의 죄가 사회적으로 용인되고 있다. 그러나 교회와 세계 역사상 그 어느 시대에도 인간이 성적 욕망을 잘 통제한 적은 한 번도 없었다는 사실을 기억하는 것이 중요하다. 과거의 인간도 오늘날과 똑같이 죄의 본성을 지녔고, 똑같은 유혹에 노출되었다.

지난 15년 동안 목회 활동을 하면서 나와 장로들이 처리해야 했던 어려운 죄의 문제들 가운데 섹스와 결혼에 관련된 문제가 약 90퍼센트를 차지했다. 이것은 항상 그랬고, 또 앞으로도 마찬가지일 것이다. 그럴 수밖에 없다. 왜냐하면 섹스와 결혼은 하나님의 가장 큰 선물 가운데 하나이기 때문이다. 결혼 관계만큼 친밀하고, 달콤하고, 활력이 넘치고, 기쁨이 충만한 것이 없고, 섹스는 그 관계 안에서 가장 강력한 요소다. 따라서 마귀가 섹스와 결혼을 주된 공격 목표로 삼는 것은 너무나도 당연하다. 혼란과 오해와 왜곡과 고통이 뒤따를 수밖에 없는 이유는 섹스와 결혼이 나쁜 것이거나 노력을 기울일 가치가 없는 것이기 때문이 아니라 그만큼 좋은 선물이기 때문이다. 하나님의 가장 좋은 선물들은 세상과 육신과 마귀에 의해 왜곡되거나 악용되기가 매우 쉽다.

십계명의 제7계명의 범주 아래 논의할 수 있는 내용은 매우 많다. 나는 그 가운데서 특별히 세 가지 주제를 고르고, 또 그 주제를 다시 각각 세 부분으로 나눠(결혼에 대한 성경적인 정의를 구성하는 세 가지 요소, 제

---

1) Scott M. Manetsch, *Calvin's Company of Pastors: Pastoral Care and the Emerging Reformed Church, 1536-1609* (Oxford UK: Oxford University Press, 2013), 181-220, esp. 201.

7계명의 광범위한 적용 범위를 나타내는 세 개의 헬라어, 이 글을 읽는 세 가지 유형의 사람들) 살펴보는 방법을 취하고 싶다.

결혼에 대한 성경적인 정의

먼저 결혼에 대한 성경적인 정의를 구성하는 핵심 요소 세 가지를 살펴보자. 그러려면 자연히 창세기 2장을 언급하지 않을 수 없다.

> 여호와 하나님이 이르시되 사람이 혼자 사는 것이 좋지 아니하니 내가 그를 위하여 돕는 배필을 지으리라 하시니라. 여호와 하나님이 흙으로 각종 들짐승과 공중의 각종 새를 지으시고 아담이 무엇이라고 부르나 보시려고 그것들을 그에게로 이끌어 가시니 아담이 각 생물을 부르는 것이 곧 그 이름이 되었더라. 아담이 모든 가축과 공중의 새와 들의 모든 짐승에게 이름을 주니라. 아담이 돕는 배필이 없으므로 여호와 하나님이 아담을 깊이 잠들게 하시니 잠들매 그가 그 갈빗대 하나를 취하고 살로 대신 채우시고 여호와 하나님이 아담에게서 취하신 그 갈빗대로 여자를 만드시고 그를 아담에게로 이끌어 오시니 아담이 이르되 이는 내 뼈 중의 뼈요 살 중의 살이라. 이것을 남자에게서 취하였은즉 여자라 부르리라 하니라. 이러므로 남자가 부모를 떠나 그의 아내와 합하여 둘이 한 몸을 이룰지로다. 아담과 그의 아내 두 사람이 벌거벗었으나 부끄러워하지 아니하니라(창 2:18-25).

첫 번째 요소는 '상호보완성'이다. 하나님은 남자와 여자가 독특하게 서로 결합해 서로를 보완하도록 창조하셨다. 이 사실이 "그를 위하여 돕는 배필을 지으리라"는 말씀에 분명하게 드러나 있다. 창세기 2장 20절도 아담 주위에 새와 들짐승과 가축은 있었지만 "돕는 배필"은 없었다고 말씀한다. 피조물 가운데 아담을 돕기에 적합한 존재는 아무도 없었다.

그렇다면 하나님은 어떻게 하셨을까? 그분은 다른 짐승이나 다른 아담을 창조하지 않으셨다. 그분은 여자를 창조하셨다. 창세기 2장 21-22절은 여자가 남자에게서 비롯했고, 남자와의 관계 속에서 여자의 이름이 결정되었다는 것을 보여 준다. 그녀는 남자(이시[ish])에게서 나왔기 때문에 여자(이샤[ishshah])로 불렸다. 여자는 남자를 돕기 위해 창조되었고, 남자와의 관계에서 이름이 결정되었으며, 오직 여자만이 남자에게 적합한 조력자로 간주되었다.

남자와 여자가 결혼으로 한 몸을 이루는 것은 단순한 결합이 아닌 재결합에 해당한다. 이시와 이샤인 아담과 하와는 서로를 위해 창조되었다. 이런 상호보완성을 이해해야만 일부일처제가 일관된 도덕적 논리를 지닐 수 있다.

사람들은 종종 "결혼은 두 사람이 서로를 독점적으로 사랑하는 관계"라고 말하곤 한다. 그렇다면 왜 두 사람이어야 하고, 또 서로를 독점적으로 사랑해야 할까? 사랑의 헌신이 결혼의 절대적인 필요조건이라면 왜 일부일처의 결합만 허용되는 것일까? 상호보완성(오직 한 남자에게만 적합한 한 여자)에 관한 창세기의 가르침을 근거로 해야만 일부

일처제와 독점적인 사랑을 요구하는 도덕적 논리가 일관되게 성립될 수 있다. 이와 같이 역동적인 원리는 하나님의 형상으로 창조된 인간이 "생육하고 번성하여 땅에 충만하고, 땅을 정복하도록" 작정하신 하나님의 뜻에서도 똑같이 발견된다(창 1:28 참조).

만일 하나님께서 아담과 함께 있을 또 다른 남자나 하와와 함께 있을 또 다른 여자를 창조하셨다면 이 명령을 이행하기가 불가능했을 것이다. 오직 남자와 여자만이 생육하고 번성할 수 있다. 성적인 상호보완성을 이해해야만 창세기 1장과 2장의 내용이 의미를 지니게 된다.

결혼에 대한 성경적인 정의를 구성하는 두 번째 요소와 관련된 성경 본문은 말라기 2장 13-15절이다.

> 너희가 이런 일도 행하나니 곧 눈물과 울음과 탄식으로 여호와의 제단을 가리게 하는도다. 그러므로 여호와께서 다시는 너희의 봉헌물을 돌아보지도 아니하시며 그것을 너희 손에서 기꺼이 받지도 아니하시거늘 너희는 이르기를 어찌 됨이니이까 하는도다. 이는 너와 네가 어려서 맞이한 아내 사이에 여호와께서 증인이 되시기 때문이라. 그는 네 짝이요 너와 서약한 아내로되 네가 그에게 거짓을 행하였도다. 그에게는 영이 충만하였으나 오직 하나를 만들지 아니하셨느냐. 어찌하여 하나만 만드셨느냐? 이는 경건한 자손을 얻고자 하심이라. 그러므로 네 심령을 삼가 지켜 어려서 맞이한 아내에게 거짓을 행하지 말지니라.

창세기가 가르치는 핵심 개념이 '상호보완성'이라면 말라기가 가르치는 핵심 개념은 '자손'이다. 말라기 2장 14절은 결혼 관계를 두 남녀 사이에 맺어진 언약으로 묘사한다. 결혼에서 언약을 비준하고 구성하는 요소는 두 가지다. 하나는 말의 맹세이고, 다른 하나는 비준 행위다. 말의 맹세는 신랑과 신부가 '하나님과 여러 증인 앞에서' 말로 하는 서약이고, 비준 행위는 성적 결합이다. 성적 결합은 사적인 행위이기 때문에 결혼식 도중에는 신랑이 신부에게 입을 맞추는 것으로 성적 결합이라는 공식적인 서약을 대신한다. 성적 결합은 혼인 서약을 승인하고 보증한다.

하나님은 언약적인 결합과 그것을 비준하는 행위를 통해 자손을 기대하신다. 말라기 2장 15절을 번역하는 것은 매우 어렵다. 그러나 '영어 표준역 성경'(ESV)은 그 요점을 분명하게 드러냈다.

하나님은 남편과 아내의 육체적인 결합을 통해 경건한 자손이 태어나기를 원하신다. 하나를 만든다는 표현은 창세기의 내용을 의도적으로 되풀이한 것이다. 하나님은 결혼이라는 관계를 통해 생물학적인 새 생명이 탄생하도록 계획하셨다(생육하고 번성하는 관계). 자손 번식이 결혼의 유일한 목적이라거나 성적 결합이 단지 생식의 수단일 뿐이라고 말하는 것은 잘못이지만 남자와 여자의 결합으로 인해 후손이 태어난다는 사실을 무시한 채 결혼을 논하는 것도 잘못이기는 마찬가지다. 하나님은 결혼을 통한 후손 번식을 원하신다. 결혼은 자녀들을 낳기 위한 결합이다.

이것은 결혼이 그 본질과 계획과 목적상 두 사람 사이에 맺어지는 언약이라는 의미다. 서로 한 몸이 되는 것은 자녀를 낳기 위한 결합이다. 나이나 건강 상태 때문에 때로는 그 목적을 달성하기가 어려울 수 있다. 그러나 남자와 여자의 결합은 자손 번식을 목적으로 하는 결합이다. 말라기는 자녀 양육이 결혼의 목적이라는 것을 분명하게 보여 준다. 그것이 국가가 결혼을 법으로 규정하고 권장하는 데 관심을 기울이는 이유다. 결혼의 목표는 자녀 양육이다. 어떤 사회든 번영을 구가하려면 특별한 문제가 없는 한 생물학적인 부모가 자신들의 결합으로 인해 태어난 자녀들을 양육해야 한다.

결혼과 관련해 마지막으로 살펴봐야 할 성경 본문은 다음과 같다.

> 아내들이여 자기 남편에게 복종하기를 주께 하듯 하라. 이는 남편이 아내의 머리 됨이 그리스도께서 교회의 머리 됨과 같음이니 그가 바로 몸의 구주시니라. 그러므로 교회가 그리스도에게 하듯 아내들도 범사에 자기 남편에게 복종할지니라. 남편들아 아내 사랑하기를 그리스도께서 교회를 사랑하시고 그 교회를 위하여 자신을 주심같이 하라. ⋯ 그러므로 사람이 부모를 떠나 그의 아내와 합하여 그 둘이 한 육체가 될지니 이 비밀이 크도다. 나는 그리스도와 교회에 대하여 말하노라"(엡 5:22-25, 31-32).

그리스도와 교회의 관계는 남편과 아내의 관계를 위한 전형이다. 그리스도와 교회의 결합이 남자와 여자가 기독교적인 결혼을 통해 한 몸이 되는 것으로 표현된다는 것은 참으로 큰 신비가 아닐 수 없다. 하나님은 그리스도인 남편과 아내의 결합이 그리스도와 교회의 결합을 상징적으로 나타낼 수 있도록 계획하셨다.

그리스도와 교회의 신비에 대한 바울의 말은 결혼 관계에서 남녀가 차지하는 역할의 차이를 고려해야만 비로소 올바로 이해할 수 있다. 사람들은 때로 "맞아요. 아름답지 않나요? 우리도 그리스도와 교회처럼 함께 동거하며, 서로를 사랑하고 도울 수 있어요. 아무나 상관없이 둘이서 함께 지낸다면 서로를 돕고 사랑하는 삶을 살 수 있어요."라는 식으로 애매하게 말한다. 그러나 바울이 말하려는 요점은 그것이 아니다. 그의 말은 남편과 아내의 차이를 전제로 한다. 다시 말해 남편은 그리스도처럼 사랑하고, 인도하고, 희생하는 역할을 하고, 아내는 교회처럼 복종하고, 존경하는 역할을 한다. 바울은 성별에 상관없이 두 사람이 그리스도와 교회처럼 서로를 대해야 한다는 의도로 말하지 않았다. 그의 말은 남편은 그리스도처럼 아내를 소중히 여기고, 아내는 교회처럼 남편에게 복종해야 한다는 의미였다.

두 남자나 두 여자를 에베소서 5장 말씀에 대입시켜 말하는 것은 그리스도와 교회의 신비와 아무런 상관이 없고, 복음을 온전하게 제시하는 것도 아니다. 결혼을 어떻게 정의하느냐에 따라 복음의 성패가 좌우된다고 말하는 것이 조금도 과장이 아닌 이유가 바로 여기에 있다. 바울은 그리스도와 교회에 대한 복음을 경건한 그리스도인의 결혼(이 관계는 남편과 아내가 각자의 역할에 충실하며 서로 하나가 되어야만 온전해질 수 있다)과 결부시켰다.

성경이 가르치는 결혼은 성적인 상호보완성을 전제로 한다. 이 경우 남녀의 기능이 정상적이라면 자녀를 출산하기 마련이고, 그로써 남편과 아내의 관계는 그리스도와 교회의 신비를 드러낸다. 지금까지 말한 이 세 가지 요소를 옳게 고려하면 십계명의 제7계명이 단순히 하나님의 명령이라는 차원을 넘어서 그 자체로 내적인 도덕적 논리를 지닌다는 것을 알 수 있다. 이 도덕적 원리는 모든 형태의 간음, 음행, 수간, 동성애, 매춘이 하나님의 뜻을 거스르는 행위라는 것을 분명하게 보여 준다.

간음의 적용 범위

십계명의 제7계명은 몇 가지 성적인 잘못에만 적용되지 않는다. 이 계명의 목적은 결혼이라는 선물을 안전하게 지켜 주고, 가정의 번영을 돕는 데 있다. 다시 말해 이 계명은 단지 배우자를 속이는 행위에만 국한되지 않는다. 앞에서 살펴본 내용과 신약성경에 나오는 세 개의 헬라어를 고려하면 그런 사실을 분명하게 알 수 있다.

포르네이아(Porneia)

예수님은 "속에서, 곧 사람의 마음에서 나오는 것은 악한 생각, 곧 음란과 도둑질과 살인과 간음과 탐욕과 악독과 속임과 음탕과 질투와 비방과 교만과 우매함이니 이 모든 악한 것이 다 속에서 나와서 사람을 더럽게 하느니라"(막 7:21-23)고 말씀하셨다. 여기에서 "음란"은 헬라어 '포르네이아'를 번역한 것이다. 이 말에서 '포르노그래피'

(pornography)라는 영어 단어가 유래했다. 권위 있는 신약성경 헬라어 사전은 '포르네이아'를 "불법적인 성행위, 매춘, 음란, 음행"으로 정의했다.[2] 신약성경학자 제임스 에드워즈(James Edwards)는 "'포르네이아'는 헬라 문헌에서 간음, 음행, 매춘, 동성애를 비롯한 다양한 형태의 불법적인 성행위를 가리킨다. 이 말은 구약성경에서 율법이 금지하는 남녀의 혼외정사를 뜻하는 의미로 사용된다."라고 말했다.[3]

이처럼 '포르네이아'는 율법이 금지하는 모든 형태의 성행위를 가리키는 광범위한 의미를 지녔다. 예수님은 음란을 단죄함으로써 창조 질서에서 벗어나는 모든 종류의 성행위를 금지하셨다. '포르네이아'는 결혼 관계에서 발생하는 간통 행위를 훨씬 뛰어넘는 의미를 지니고 있기 때문에 예수님이 동성애를 비롯해 오늘날 논란이 되는 다른 성적 문제에 대해 아무런 가르침을 주지 않으셨다고 주장하는 것은 옳지 않다. 1세기의 유대인들처럼 예수님도 십계명의 제7계명을 다양한 성적 범죄를 금지하는 의미로 이해하셨을 것이 틀림없다.

아르세노코이타이스(Arsenokoitais)

이것은 중요한 단어다. 바울이 만들어 낸 단어인 것이 분명하고, 디모데전서에서 다음과 같이 사용되었다.

---

2) Walter Bauer, *A Greek-English Lexicon of the New Testament and Other Early Christian Literature*, 3rd ed., rev. and ed. Frederick William Danker (Chicago: University of Chicago Press, 2000), 854.
3) James R. Edwards, *The Gospel according to Mark*, Pillar New Testament Commentary (Grand Rapids, MI: Eerdmans, 2001), 213.

그러나 율법은 사람이 그것을 적법하게만 쓰면 선한 것임을 우리는 아노라. 알 것은 이것이니 율법은 옳은 사람을 위하여 세운 것이 아니요 오직 불법한 자와 복종하지 아니하는 자와 경건하지 아니한 자와 죄인과 거룩하지 아니한 자와 망령된 자와 아버지를 죽이는 자와 어머니를 죽이는 자와 살인하는 자며 음행하는 자와 남색하는 자와 인신매매를 하는 자와 거짓말하는 자와 거짓 맹세하는 자와 기타 바른 교훈을 거스르는 자를 위함이니 이 교훈은 내게 맡기신 바 복되신 하나님의 영광의 복음을 따름이니라(딤전 1:8-11).

바울이 우리의 수평적인 관계를 다루는 계명들을 나열하고 있는 것에 주목하라. 그는 불순종 행위를 폭넓게 언급한 뒤 9절에서부터 십계명의 제5계명("아버지를 죽이는 자와 어머니를 죽이는 자"), 6계명("살인하는 자"), 7계명("음행하는 자와 남색하는 자"), 8계명("인신매매하는 자"), 9계명("거짓말하는 자와 거짓 맹세하는 자")을 차례로 열거했다.

이 가운데서 7계명과 관련된 두 가지 용어를 좀 더 자세히 살펴보면 다음과 같다. "음행하는 자"는 조금 전에 살펴본 '포르네이아'의 동계어인 '포르노이스'(pornois)를 번역한 것이다. 아울러 "남색하는 자"를 뜻하는 헬라어는 '아르세노코이타이스'라는 용어 하나뿐이다. 이 용어는 헬라 문헌 가운데서 바울이 쓴 고린도전서 6장과 디모데전서 1장에만 등장한다. 이 용어는 고대 사회에서 흔했던 "남색"(성인 남자와 소년과의 성행위)만을 가리키지 않는다. 만일 바울이 그것만을 염두에 두고 말했다면 '파이데라스테스'(paiderastes)라는 용어를 사용했을 것이다. 그는 남자를 뜻하는 '아르센'(arsen)과 침대를 뜻하는 '코이테'(koite)를 결합시켜 '아르세노코이타이스'라는 용어를 만들어 냈다(레위기 18장 22절과 20장 12절을 의도적으로 염두에 둔 것이 분명하다). 『70인경』(The Septuagint [Greek] translation of the Hebrew, 헬라어 구약성경)은 레위기 20장 13절을 "호스 안 코이메데 메타 아르세노스 코이텐 군나이코스"(hos an koimethe meta arsenos koiten gynaikos, 누구든지 여인과 동침하듯 남자와 동침하면)로 번역했다.

헬라어를 잘 모르더라도 바울이 무엇에 착안해 이 새로운 단어를 만들었는지 쉽게 짐작할 수 있을 것이다. 그가 만든 '아르세노코이타이스'라는 용어는 단지 성인 남자와 소년과의 성행위만이 아니라 모든 형태의 동성애를 단죄하는 의미를 지닌다. 이 모든 것이 디모데전서에 열거된 계명들과 하나로 연결되어 있다. 간단히 말해 신약성경은 동성애를 십계명의 제7계명을 위반하는 범죄로 간주한다.[4]

에피두메오 (Epithumeo)

마지막 단어는 산상설교에서 발견된다.

또 간음하지 말라 하였다는 것을 너희가 들었으나 나는 너희에게 이르노니 음욕을 품고 여자를 보는 자마다 마음에 이미 간음하였느

---

4) 이 중요한 단어와 그것을 둘러싼 논쟁에 대해 좀 더 자세히 알고 싶으면 다음의 자료를 참조하라. Kevin DeYoung, *What Does the Bible Really Teach about Homosexuality?* (Wheaton, IL: Crossway, 2015), 59–67.

니라. 만일 네 오른 눈이 너로 실족하게 하거든 빼어 내버리라. 네 백체 중 하나가 없어지고 온몸이 지옥에 던져지지 않는 것이 유익하며 또한 만일 네 오른손이 너로 실족하게 하거든 찍어 내버리라. 네 백체 중 하나가 없어지고 온몸이 지옥에 던져지지 않는 것이 유익하니라(마 5:27-30).

여기에서 "음욕을 품고"는 열망, 욕망, 갈망을 의미하는 헬라어 '에피두메오'를 번역한 것이다.

이성이 예쁘거나 잘생겼다고 생각하는 것 자체는 죄가 아니다. 하지만 그런 생각 때문에 음욕을 느낀다면, 곧 상대를 보고 욕망과 열망과 육욕과 색욕을 느낀다면 그것은 죄다.

예수님의 가르침은 마음만 괜찮다면 아무나 원하는 사람과 성관계를 맺을 수 있다는 의미가 아니다. 그분이 가르치시려는 요점은 육체적인 성관계를 맺지 않더라도 책을 읽거나 인터넷을 클릭하며 생각과 상상과 감정을 자극하는 것만으로도 얼마든지 성적인 죄를 지을 수 있다는 것이다.

이처럼 십계명의 제7계명은 적용 범위가 매우 넓다. '나는 간통을 저질러서 배우자를 속인 적이 없어.'라고 생각하지 않도록 주의해야 한다. 이 계명에는 혼전 성관계, 포르노그래피, 수간, 동성애, 간통, 마음의 음욕 등이 모두 포함된다.

이 책을 읽는 독자들 가운데 예수님의 가르침이 적용되지 않을 사람은 아무도 없다. 그 누구도 이 계명에서 자유로울 수 없다.

세 가지 유형의 사람들

지금까지 결혼에 관한 성경적인 이해를 구성하는 세 가지 요소와 십계명의 제7계명의 광범위한 적용 범위를 나타내는 세 개의 헬라어 단어를 살펴보았다. 이제는 이 글을 읽는 세 종류의 사람(유혹을 느끼는 사람, 행실이 바르지 못한 사람, 상심한 사람)에게 전하는 메시지로 이번 장의 모든 논의를 마무리하겠다.

지금까지의 방식과는 조금 다르게 주로 성경구절을 인용하여 세 종류의 사람들에게 메시지를 전할 생각이다. 책을 읽다가 갑자기 성경구절을 길게 나열한 부분을 접하게 되면 대충 읽거나 아예 읽지 않고 넘어가기 쉽다. 다시 말해 성경이 이미 가르친 것은 잘 알고 있다 생각하고, 읽고 있는 책의 핵심을 파악하기 위해 서두를 가능성이 크다. 그러나 스스로 속으면 안 된다. 성경이 곧 핵심이다. 하나님의 계명들, 특히 십계명의 제7계명처럼 논란의 여지가 많고, 이해하기 어렵고, 지키기 힘든 계명에 대해서는 성경의 가르침에 유심히 귀를 기울여야 한다. 성경구절을 무시하거나 건너뛰지 말라. 말씀에 집중하라. 성령의 감동하심으로 기록된 하나님의 말씀이 자신을 교훈하고, 책망하고, 바르게 하고, 의로 교육하게 하라.

먼저 유혹을 느끼는 사람들에게 하나님의 말씀을 들려주고 싶다. 불법적인 행위나 자연을 거스르는 행위에 마음이 끌리는 사람들이 이 범주에 해당한다. '약간의 성적 만족을 느껴볼까?' 생각하는 사람들, 죄 주변을 얼씬거리며 장난삼아 죄를 시도해 보거나 그런 가능성에 흥미와 유혹을 느끼는 사람들에게 하나님은 이렇게 말씀하신다.

그런즉 선 줄로 생각하는 자는 넘어질까 조심하라. 사람이 감당할 시험밖에는 너희가 당한 것이 없나니 오직 하나님은 미쁘사 너희가 감당하지 못할 시험 당함을 허락하지 아니하시고 시험 당할 즈음에 또한 피할 길을 내사 너희로 능히 감당하게 하시느니라(고전 10:12-13). 여호와의 인자와 긍휼이 무궁하시므로 우리가 진멸되지 아니함이니이다. 이것들이 아침마다 새로우니 주의 성실하심이 크시도소이다. 내 심령에 이르기를 여호와는 나의 기업이시니 그러므로 내가 그를 바라리라 하도다. 기다리는 자들에게나 구하는 영혼들에게 여호와는 선하시도다. 사람이 여호와의 구원을 바라고 잠잠히 기다림이 좋도다(애 3:22-26).

그러므로 그가 범사에 형제들과 같이 되심이 마땅하도다. 이는 하나님의 일에 자비하고 신실한 대제사장이 되어 백성의 죄를 속량하려 하심이라. 그가 시험을 받아 고난을 당하셨은즉 시험받는 자들을 능히 도우실 수 있느니라(히 2:17-18).

오직 각 사람이 시험을 받는 것은 자기 욕심에 끌려 미혹됨이니 욕심이 잉태한즉 죄를 낳고 죄가 장성한즉 사망을 낳느니라(약 1:14-15). 대저 음녀의 입술은 꿀을 떨어뜨리며 그의 입은 기름보다 미끄러우나 나중은 쑥같이 쓰고 두 날 가진 칼같이 날카로우며(잠 5:3-4).

간음하는 여인과 유혹하는 남자를 멀리하라. 그들을 멀리하고, 그들의 집 문에 가까이 가지 말라. 각자 자신의 우물에서 물을 마셔라. 자신의 샘을 복되게 하라. 젊었을 때 만난 아내와 남편을 즐거워하라. 금지된 불법의 포도주가 아니라 그 사랑을 마셔라. 자신이 걸어가야 할 길을 명확히 하라. 악인들은 스스로의 우둔함에 이끌려 그릇된 길로 치우친다(잠 5:8, 15-23 참조).

이번에는 행실이 바르지 못한 사람들에게 주어진 하나님의 말씀이다. 행실이 바르지 못한 사람이란 스스로를 속이며 표리부동하게 행동하는 사람, 곧 두 마음을 품은 사람(주일에 한 시간 동안 예배에 참석하는 것으로 하나님을 속일 수 있다고 생각하는 사람)을 의미한다. 이런 사람은 겉으로는 매우 사랑스러운 그리스도인처럼 행동하면서 뒤로는 다른 사람들이 눈치채지 않게 적당히 즐기며 살거나 자신이 저지른 행위가 잘못이라는 것을 알면서도 괘념치 않거나 불행한 삶을 사는 것이 하나님의 뜻이 아니기 때문에 결혼생활은 포기할 수 있어도 성적인 욕구는 어떻게든 해소해야 한다고 믿는다. 그런 사람들에게 하나님은 다음과 같이 말씀하신다.

> 스스로 속이지 말라. 하나님은 업신여김을 받지 아니하시나니 사람이 무엇으로 심든지 그대로 거두리라. 자기의 육체를 위하여 심는 자는 육체로부터 썩어질 것을 거두고 성령을 위하여 심는 자는 성령으로부터 영생을 거두리라(갈 6:7-8).
> 너희 몸이 그리스도의 지체인 줄을 알지 못하느냐? 내가 그리스도의 지체를 가지고 창녀의 지체를 만들겠느냐? 결코 그럴 수 없느니

라. 창녀와 합하는 자는 그와 한 몸인 줄을 알지 못하느냐? 일렀으되 둘이 한 육체가 된다 하셨나니 주와 합하는 자는 한 영이니라. 음행을 피하라. 사람이 범하는 죄마다 몸 밖에 있거니와 음행하는 자는 자기 몸에 죄를 범하느니라. 너희 몸은 너희가 하나님께로부터 받은바 너희 가운데 계신 성령의 전인 줄을 알지 못하느냐? 너희는 너희 자신의 것이 아니라. 값으로 산 것이 되었으니 그런즉 너희 몸으로 하나님께 영광을 돌리라(고전 6:15-20).

음행과 온갖 더러운 것과 탐욕은 너희 중에서 그 이름조차도 부르지 말라. 이는 성도에게 마땅한 바니라(엡 5:3).

그러므로 너희가 그리스도와 함께 다시 살리심을 받았으면 위의 것을 찾으라. 거기는 그리스도께서 하나님 우편에 앉아 계시느니라. 위의 것을 생각하고 땅의 것을 생각하지 말라. 이는 너희가 죽었고 너희 생명이 그리스도와 함께 하나님 안에 감추어졌음이라. 우리 생명이신 그리스도께서 나타나실 그때에 너희도 그와 함께 영광 중에 나타나리라. 그러므로 땅에 있는 지체를 죽이라. 곧 음란과 부정과 사욕과 악한 정욕과 탐심이니 탐심은 우상 숭배니라(골 3:1-5).

간음한 여인들아 세상과 벗된 것이 하나님과 원수 됨을 알지 못하느냐? 그런즉 누구든지 세상과 벗이 되고자 하는 자는 스스로 하나님과 원수 되는 것이니라. 너희는 하나님이 우리 속에 거하게 하신 성령이 시기하기까지 사모한다 하신 말씀을 헛된 줄로 생각하느냐? 그러나 더욱 큰 은혜를 주시나니 그러므로 일렀으되 하나님이 교만한 자를 물리치시고 겸손한 자에게 은혜를 주신다 하였느니라.

그런즉 너희는 하나님께 복종할지어다. 마귀를 대적하라. 그리하면 너희를 피하리라. 하나님을 가까이하라. 그리하면 너희를 가까이하시리라. 죄인들아 손을 깨끗이 하라. 두 마음을 품은 자들아 마음을 성결하게 하라. 슬퍼하며 애통하며 울지어다. 너희 웃음을 애통으로, 너희 즐거움을 근심으로 바꿀지어다. 주 앞에서 낮추라. 그리하면 주께서 너희를 높이시리라(약 4:4-10).

하나님의 뜻은 이것이니 너희의 거룩함이라. 곧 음란을 버리고 각각 거룩함과 존귀함으로 자기의 아내 대할 줄을 알고 하나님을 모르는 이방인과 같이 색욕을 따르지 말고 이 일에 분수를 넘어서 형제를 해하지 말라. 이는 우리가 너희에게 미리 말하고 증언한 것과 같이 이 모든 일에 주께서 신원하여 주심이라. 하나님이 우리를 부르심은 부정하게 하심이 아니요 거룩하게 하심이니 그러므로 저버리는 자는 사람을 저버림이 아니요 너희에게 그의 성령을 주신 하나님을 저버림이니라(살전 4:3-8).

행실이 바르지 못한 사람들이여, 말씀에 귀를 기울이라. 세상의 벗도 되고, 하나님의 벗도 될 수 있다고 생각하지 말라. 한 사람이 두 주인을 섬길 수 없다. 하나님은 죄의 길을 걷는 사람을 따라다니며 지켜 주지 않으신다.

마지막으로 상심한 사람들, 곧 자신이 지은 과거의 죄는 물론 현재의 죄를 의식하고 낙담한 사람들에게 주어진 하나님의 말씀이다. 이런 사람은 자신이 저지른 행위를 혐오하고, 자신의 삶에 미친 결과와 자신의 습관을 미워한다. 하나님은 송구스러운 마음으로 부끄러워하며 애통하고 회개하기를 원하는 사람들, 곧 자신을 겸손히 낮춰 십자가 밑에 엎드리는 사람들에게 이렇게 말씀하신다.

여호와여 내가 깊은 곳에서 주께 부르짖었나이다. 주여 내 소리를 들으시며 나의 부르짖는 소리에 귀를 기울이소서. 여호와여 주께서 죄악을 지켜보실진대 주여 누가 서리이까? 그러나 사유하심이 주께 있음은 주를 경외하게 하심이니이다(시 130:1-4).
그러므로 이제 그리스도 예수 안에 있는 자에게는 결코 정죄함이 없나니 이는 그리스도 예수 안에 있는 생명의 성령의 법이 죄와 사망의 법에서 너를 해방하였음이라(롬 8:1-2).
만일 우리가 죄가 없다고 말하면 스스로 속이고 또 진리가 우리 속에 있지 아니할 것이요 만일 우리가 우리 죄를 자백하면 그는 미쁘시고 의로우사 우리 죄를 사하시며 우리를 모든 불의에서 깨끗하게 하실 것이요(요일 1:8-9).
대제사장 여호수아는 여호와의 천사 앞에 섰고 사탄은 그의 오른쪽에 서서 그를 대적하는 것을 여호와께서 내게 보이시니라. 여호와께서 사탄에게 이르시되 사탄아 여호와께서 너를 책망하노라. 예루살렘을 택한 여호와께서 너를 책망하노라. 이는 불에서 꺼낸 그슬린 나무가 아니냐 하실 때에 여호수아가 더러운 옷을 입고 천사 앞에 서 있는지라. 여호와께서 자기 앞에 선 자들에게 명령하사 그 더러운 옷을 벗기라 하시고 또 여호수아에게 이르시되 내가 네 죄악을 제거하여 버렸으니 네게 아름다운 옷을 입히리라 하시기로(슥 3:1-4).

마지막으로 역사상 가장 유명한 설교 말씀을 들어보라.

심령이 가난한 자는 복이 있나니 천국이 그들의 것임이요, 애통하는 자는 복이 있나니 그들이 위로를 받을 것임이요, 온유한 자는 복이 있나니 그들이 땅을 기업으로 받을 것임이요, 의에 주리고 목마른 자는 복이 있나니 그들이 배부를 것임이요, 긍휼히 여기는 자는 복이 있나니 그들이 긍휼히 여김을 받을 것임이요, 마음이 청결한 자는 복이 있나니 그들이 하나님을 볼 것임이요(마 5:3-8).

마음이 청결한 자에게 하나님을 볼 것이라는 약속이 주어졌다. 회개하고 약속을 받으라. 그리고 눈을 열어 하나님을 보라.

질문과 적용

1. 창세기 2장 18-25절, 말라기 2장 13-15절, 에베소서 5장 22-25, 31-32절을 읽으라.
   - 창세기 본문은 상호보완성 원리에 대해 어떻게 가르치는가?

   - 남편과 아내의 성적 결합이 결혼의 필수 요소인 이유는 무엇인가?

   - 에베소서 본문은 결혼이 그리스도와 교회의 관계를 어떻게 상징한다고 가르치는가?

2. 저자는 "십계명의 제7계명은 단지 배우자를 속이는 행위에만 국한되지 않는다"고 말했다. 이 말이 사실인 이유를 구체적으로 말해 보라.

3. 바울이 '아르세노코이타이스'라는 용어를 어떻게 사용했는지 설명하라. 그의 가르침에 비춰 볼 때 동성애를 어떻게 생각하는 것이 옳은가?

4. 성경은 성적 범죄를 부추기는 유혹을 어떻게 극복하라고 가르치는가?

5. 성적으로 불결해진 사람은 어떻게 영적 순결을 회복할 수 있는가?

8.

보물을 하늘에 쌓으라

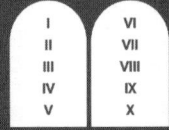

도둑질하지 말라

출애굽기 20:15

앞서 다룬 계명들로 인해 심한 가책을 느끼는 찰나에 이 계명을 들으니 '이제야 한숨 돌릴 수 있게 되었군.'이라는 생각이 들지도 모르겠다. 몇 년 전 바나 그룹(the Barna Group, 기독교 전문 리서치 기관)이 실시한 설문조사에 따르면 "도둑질하지 말라"는 하나님의 계명을 완벽하게 지켰다고 주장하는 사람이 86퍼센트에 이르는 것으로 드러났다.[1] 우리는 "도둑질하지 말라"는 계명은 도둑이나 강도에게나 적용될 뿐 보통 사람들과는 그다지 관련이 없다고 생각한다.

하나님께서 금하시는 것

이번 장의 구성은 간단하다. 나는 『하이델베르크 요리문답』에 나오

---

[1] Michael S. Horton, *The Laws of Perfect Freedom: Relating to God and Others Through the Ten Commandments* (Chicago: Moody Press, 1993), 222에서 재인용.

는 두 개의 문답, 그중에서도 처음 것을 중점적으로 살펴볼 것이다.

110문: 하나님은 8계명으로 무엇을 금지하셨는가?
답: 하나님은 법률로 처벌할 수 있는 공공연한 도둑질과 강도질만을 금지하지 않으셨다. 하나님이 보실 때에는 겉으로 합법적인 것처럼 위장하여 이웃을 속이고 편취하는 행위도 도둑질에 해당한다. 예를 들면 저울이나 크기나 양을 속이는 행위, 사기 물품을 판매하는 행위, 위조지폐와 고리대금을 비롯하여 하나님께서 금지하신 모든 것이 여기에 포함된다. 아울러 하나님은 모든 탐욕과 그분의 선물들을 무의미하게 낭비하는 행위를 금지하신다.

이 대답을 한 문장씩 차례로 살펴보면 다음과 같다.

십계명의 제8계명은 노골적인 도둑질과 강도질, 즉 타인의 소유를 강탈하는 행위를 금한다.

성경에도 그런 사례가 여러 번 나타난다. 라헬은 아버지의 드라빔을 훔쳤고, 아간은 여리고성이 함락된 후 하나님께 바친 전리품을 빼돌렸으며(이 일로 이스라엘 백성은 아이성 전투에서 참패했다), 아합과 이세벨은 나봇의 포도원을 강탈했다.

내 소유가 아닌 것을 취하는 것, 곧 가택 무단침입, 강도, 매장 절도, 일반 절도와 같이 개인이나 사업체의 재산을 훔치는 것은 불법 행위에 해당한다.

또한 십계명의 제8계명은 사람을 납치하는 불법 행위를 금지한다. 지금의 관점에서 보면 성경은 모든 형태의 노예제도를 불법으로 간주했던 것은 아니다.

그러나 성경에 언급된 노예제도는 과거 미국에 존재했던 노예제도와 달랐다. 미국에 존재했던 '동산 노예제도'(chattel slavery)는 십계명의 제8계명에 의해 엄격히 금지되었다. "사람을 납치한 자가 그 사람을 팔았든지 자기 수하에 두었든지 그를 반드시 죽일지니라"(출 21:16).

앞 장에서 인용한 디모데전서 1장 말씀을 기억할 것이다. 바울은 그곳에서 다른 표현으로 십계명을 열거하면서 부도덕한 성행위와 남색하는 죄를 금지한 십계명의 제7계명을 말하고 나서 곧바로 '인신매매'를 언급했다. 그는 십계명의 제8계명을 사람을 납치한 사람들에게 적용했다. 미국에 존재했던 노예제도는 사람들을 그들이 살던 나라에서 강제로 데려와 노예로 삼았다(때로는 이미 본국에 있던 사람들에게 잡혀 있다가 노예로 팔리는 경우도 있었다). 그것은 십계명의 제8계명을 어기는 행위였다. 17세기의 유명한 네덜란드 신학자 기스베르투스 보에티우스(Gisbertus Voetius)는 사람들을 납치하는 사례를 다음과 같이 네 가지로 정리했다.[2]

1. 어린아이들을 납치해서 수도원에 입적시키는 것
2. 어린아이들을 납치해서 구걸을 시키는 것

---

[2] J. Douma, *The Ten Commandments: Manual for the Christian Life*, trans. Nelson D. Kloosterman (Phillipburg, NJ: P&R, 1996), 287.

3. 어린 소녀들을 납치해서 신부로 삼는 것

4. 사람들을 납치해서 노예로 삼는 것

이스라엘은 노예 상태에서 구원받았다. 하나님은 그들이 자유 민족으로 살기를 원하셨다. 따라서 그들은 서로를 노예로 삼으면 안 되었다.

때로는 타민족 사람들을 전리품으로 사로잡기도 하고, 이스라엘 백성들 가운데도 스스로 계약 노예가 되는 사람들이 있었지만 사람들을 사로잡아 노예로 삼는 행위는 언제나 악으로 간주되었다. 하나님의 계명을 진정으로 이해했다면 당연히 그래야 했다.

이처럼 십계명의 제8계명은 개인의 소유나 사람을 강탈하는 행위를 금한다. 이것은 누가 보더라도 명백한 범죄다.

그러나 요리문답은 '겉으로 합법적인 것처럼 위장해 이웃을 속이고 편취하는 행위도 도둑질에 해당한다'고 말하고, 그런 사례를 몇 가지 나열했다.

첫 번째 사례는 측정 단위를 속이는 것이다. 성경은 종종 이 문제를 언급한다. 고대 사회에서 어떤 식으로 거래가 이루어졌을지 생각해 보라. 측정 단위를 속이는 것은 불의를 저지르는 주된 행위 가운데 하나였다. 사람들은 저울과 치수와 무게를 속였다. 그것은 거래를 통해 마땅히 취할 수 있는 이득보다 더 많은 이득을 취하기 위한 방법이었다.

어떤 주석을 읽다가 문득 1936년에 발행된 '새터데이 이브닝 포스트'(Saturday Evening Post)에 실린 레슬리 트래셔(Leslie Thrasher)의 노먼 록웰(Norman Rockwell) 풍의 그림이 생각났다. 그 그림에는 옷을 잘 차려입은 한 숙녀와 정육점 주인이 판매대를 사이에 두고 서 있는 모습이 그려져 있다.

두 사람 모두 매우 좋은 거래를 하고 있는 것처럼 얼굴에 미소를 짓고 있다. 저울에는 닭고기로 보이는 물건이 올려져 있다. 그림을 주의 깊게 살펴보면 정육점 주인은 손가락으로 저울 위를 내리누르고 있고, 숙녀는 손가락으로 저울 밑을 올리는 것을 알 수 있다. 이따금 볼 수 있는 미국의 생활상을 보여 주는 좋은 그림이라고 생각된다. 그런 행위도 십계명의 제8계명을 어기는 것이다.

요즘에 이루어지는 사업상의 거래 대부분은 저울이나 분동으로 이루어지지 않지만 서로를 속일 수 있는 방법은 여전히 많다. 예를 들면 회계 장부를 조작해 주주들을 속이는 행위, 기업체나 교회의 헌금함에서 돈을 횡령하는 행위, 자신의 권리를 잘 알지 못하거나 법률 지식이 부족하거나 법정 다툼을 하기 어려운 형편에 처한 사람들을 속이는 행위 등이다.

또한 요리문답은 사기 물품, 곧 결함 있는 물건이나 용역을 판매하거나 아무런 쓸모도 없는 물건을 구매하도록 부추기는 행위도 포함시켰다. 지금처럼 경제가 자유분방하게 제멋대로 이루어지는 상황 속에서 올바른 분별력을 발휘하기는 쉽지 않다.

우리는 요즘의 광고 문화를 어떻게 생각해야 할까?

우리 중에는 광고 회사에서 일하는 사람도 있고, 광고학을 공부하는 사람도 있다. 어떤 것을 선전하는 것, 곧 자신의 생산품이나 용역에 관하여 말하고, 그것에 이목을 집중시키게 만드는 것은 잘못이 아니다.

그러나 광고나 마케팅과 관련된 일을 하고 있다면 스스로에게 '혹시 내가 불필요하거나 유익하지 않은 것을 원하게 만들려고 애쓰고 있지는 않은가?' 물어야 한다. 우리는 우리가 대접을 받고자 하는 대로 다른 사람들을 대접해야 한다.

제약회사가 속쓰림을 완화하거나 콜레스테롤을 낮추는 신약을 개발했다면 그것을 대대적으로 광고할 것이 틀림없다. 제약회사는 돈을 벌기 원한다(거의 모든 사람이 그렇다). 따라서 그들은 인기 있는 방송 프로그램이나 저녁 뉴스와 같이 시청률이 높은 시간대에 약을 선전하는 광고를 할 것이다. 그들은 약에 아무런 의미도 없는 그럴듯한 명칭을 붙이고, 그 약을 복용하고 건강하게 된 것처럼 보이는 사람들의 모습을 보여 주며 약을 꼭 먹어야 한다고 선전할 것이다.

그 제약회사가 다이어트 약을 개발해서 사람들에게 그것을 판매하고자 한다면 어떻게 될까? 그런 경우에는 사람들이 스스로를 아무런 매력이 없는 무가치한 존재로 생각하도록 만들려고 애쓸 것이 틀림없다. 그들은 사람들의 존엄성을 무너뜨려 다이어트 약을 먹지 않고서는 의미 있는 삶을 살기가 불가능한 것처럼 느끼도록 유도할 것이다. 이처럼 광고 전략은 경우에 따라 미묘하게 달라진다. 그렇지 않은가?

요리문답은 위조지폐를 사용하는 행위도 언급했다. 여기에는 결국 붙잡힐 것을 알면서도 언젠가 충분히 갚을 수 있는 날이 올 거라 생각하고 의도적으로 이곳저곳에서 거래 불능 수표를 남발하는 수표 사기 행위나 카지노에서 선전하는 공허한 약속이 포함된다.

카지노는 새로운 상품이나 용역을 생산하는 곳이 아니다. 그곳에서는 가치 있는 것을 새로 만들어 내지 않고 단지 돈만 환전해 줄 뿐이다. 그곳에서 얻을 수 있는 것이라고는 쓰라린 경험뿐이다. 카지노의 헛된 약속에 속아 막대한 돈을 탕진하는 사람이 적지 않다.

요리문답은 '고리대금'도 언급했다. 중세 시대의 그리스도인들은 가능하면 이자를 부과하려 하지 않았다. "네가 만일 너와 함께한 내 백성 중에서 가난한 자에게 돈을 꾸어 주면 너는 그에게 채권자같이 하지 말며 이자를 받지 말 것이며"(출 22:25)라는 하나님의 말씀 때문이었다.

그렇다면 오늘날 금융계에서 일하는 그리스도인들에게 이 말씀은 어떤 의미를 지닐까? 이자를 받는 것은 어떤 경우든 다 잘못이라는 의미일까?

나는 요리문답이 '과도한 이자'(고리대금)라는 말로 이 문제를 옳게 해결했다고 생각한다.

예수님은 신약성경에서 달란트 비유를 가르치시며 게으른 종이 은행에 돈을 맡겨 이자라도 받았어야 했다고 말씀하셨다. 예수님이 은행이나 금융이나 이자와 관련된 것 무엇이든 모조리 반대하신 것은 아닌 것이 분명하다.

출애굽기 22장의 말씀은 과도한 이자를 물고 돈을 빌리는 것 외에 다른 재정적인 대안이 없었던 사람들에게 이자를 받는 행위를 금지한 것이다.

출애굽기에서 말하는 이자는 시련으로 인해 극빈한 상태에 처하여 돈을 빌린 경우와 관련된다. 그들에게는 용기를 북돋아 줄 보험이나 정부가 제공하는 사회 안전망이 없었다.

농사를 망쳤을 때나 기근으로 먹을 것이 없거나 자연재해로 거처가 파괴되었을 때 그들이 할 수 있었던 일이 과연 무엇이었을까? 그럴 때 악랄한 사람들은 대가를 받고 그들에게 필요한 것을 빌려 주었다. 그것은 이웃을 도우라고 명령하신 하나님께서 명백하게 금하시는 행위였다.

자본 투자에 대한 이자는 그런 경우와는 다르다. 칼빈은 극빈한 상태에 있지 않고, 단지 사업을 시작하거나 물건을 사기 위해 돈을 빌리는 경우도 마찬가지라고 주장했다. 그러나 자유 시장 경제 체제 안에서 이자를 받는 것이 적절한 일이라 하더라도 과도한 이율은 결코 바람직하지 않다.

칼빈은 자신이 제네바의 이율을 결정해야 한다고 주장했다. 그는 이율을 결정하는 것을 도덕적이고 신학적인 문제로 간주했다.

이율은 정책적으로 결정해야 마땅하다. 시련을 당한 사람을 보고 '저들의 불행을 이용해 부자가 될 수 있는 절호의 기회군!'이라고 생각하는 것은 옳지 않다. 십계명의 제8계명은 그런 행위를 금지한다. 오히려 '내게 여유가 좀 있으니 저들에게 이자를 받지 않고 빌려 주어 재기하도록 도와줘야지.'라고 생각해야 마땅하다.

마지막으로 요리문답은 '하나님께서 금지하시는 모든 것'이라고 말했다.

이 말의 적용 범위는 그야말로 광대하다. 예를 들면 국가를 속이는 행위를 생각해 볼 수 있다.

'국가를 속이는 것이 뭐 그리 대수인가?' 생각할지 모르지만 국가도 강탈을 당하지 않을 권리가 있다. '국가와 관련된 일인데 뭐 어떤가?' 하는 생각으로 하찮은 법정 다툼을 일삼아 납세자들의 돈을 축내는 것이나, 세금의 일부나 전부를 내지 않거나, 국가 채무를 불이행하는 것도 모두 도둑질에 해당한다.

고용인의 급료를 속이는 것은 또 어떤가?

신·구약성경은 종종 그런 행위를 엄격히 금지했다. "보라. 너희 밭에서 추수한 품꾼에게 주지 아니한 삯이 소리 지르며 그 추수한 자의 우는 소리가 만군의 주의 귀에 들렸느니라"(약 5:4). 야고보는 그런 일을 당시에 불의를 저지르는 주된 행위 가운데 하나로 지적했다. 당시의 지주들은 품꾼들을 고용해 한동안 밭에서 일하게 하거나 농작물을 거두게 했다. 품꾼들이 일을 마치면 "기대한 만큼 일이 잘되지 못했소. 말끔하게 끝내지 못했다는 말이오. 만족스럽지 않소. 당신이 일하다가 쉬는 것을 보았소."라고 말하며 품삯을 주지 않았다. 그것은 사기요 협잡이었다.

십계명의 제8계명은 또한 아합과 이세벨이 나봇의 포도원을 빼앗았던 것처럼 속임수나 폭력으로 불의하게 땅을 확장하는 행위를 금지한다.

종교개혁자들은 종종 '정치 귀족들'이 땅을 빼앗거나 '국유화 명목으로' 땅을 강탈하는 행위를 비판했다. 2세대 종교개혁자인 불링거(Bullinger)는 "개인의 재산을 훔치는 자들은 종신형을 살고, 공공의 재산을 훔치는 도둑들은 황금과 자색 옷으로 치장하고 떵떵거리며 산다"고 말했다.[3]

보험사기는 또 어떤가?

내가 처음 집을 샀을 때 지붕의 상태가 좋지 않지만 모두가 보험회사에서 수리비를 줄 것이라고 말했기 때문에 크게 신경 쓰지 않았다. 그러나 그 집의 전 주인이 이미 보험회사에서 수리는 하지 않고 수리비만 받아 챙겼다는 사실이 뒤늦게 밝혀졌다. 막막했다. 보험회사에 비용을 청구할 수가 없었다. 다행히 교회에서 설비에 재주가 있는 몇몇 교인과 비용을 대주었다. 몇 사람이 함께 와서 지붕에 올라가 지붕의 널을 모두 교체해 준 것이다.

이밖에도 절도 행위는 많다. 다른 사람의 논문이나 설교를 표절하는 행위, 온라인 저작권 침해 행위, 음악이나 영화나 소프트웨어를 불법으로 다운받는 행위도 절도에 해당한다. 10년 전에 가장 많이 불법으로 유통된 영화는 '패션 오브 크라이스트'(The Passion of the Christ)였다. 뭔가 잘못되어도 단단히 잘못되었다.

요리문답은 마지막으로 '아울러 하나님은 모든 탐욕과 자신의 선물들을 무의미하게 낭비하는 행위를 금지하신다.'라고 덧붙였다.

---

[3] Ibid., 290.

지금까지 논의된 말을 듣고 '나는 물건을 훔치지 않았어. 가게에서도 아무것도 훔친 것이 없어. 다른 사람의 집을 무단으로 침입한 적도 없어. 요즘의 사업적인 거래와 방식이 조금 흥미롭긴 하지만 그대로 따라 한 적은 없어.'라고 생각할지 모른다.

그러나 탐욕에 대해서는 어떻게 생각할 셈인가? 나는 탐욕을 종종 '마음의 눈으로 훔치는 것'으로 정의한다. 고린도전서 6장 10절은 탐욕을 부리는 자는 하나님의 나라를 유업으로 받지 못할 것이라고 말씀한다.

나의 아들 중 하나는 지독한 구두쇠다. 그는 자기 돈을 좀처럼 쓰려고 하지 않는다. 그와 달리 또 다른 아들 하나는 항상 새 물건을 사고 싶어 한다. 녀석은 이번 주에 기발한 생각을 떠올렸다. 그는 자기 형제에게 "너는 돈을 지나치게 사랑하는 문제를 안고 있는 듯해. 네가 보다시피 나는 돈을 꼭 쥐고 있는 법이 없어."라고 말했다. 물론 녀석의 말은 별로 정확하지 않다. 항상 돈을 저축하는 사람이나 항상 돈을 쓰기 좋아하는 사람이나 둘 다 똑같이 탐욕스러울 수 있다.

성경은 사람의 생명이 소유에 있다고 생각하지 말라고 경고한다.

유산 상속 문제로 형제와 다투던 사람이 예수님을 찾아와서 "선생님, 내 형을 명하여 유산을 나와 나누게 하소서"(눅 12:13)라고 말했다. 메시아를 만날 기회를 잡은 그가 무엇을 요구했는가? 그는 예수님이 가족 간의 분쟁을 해결하고, 자기의 몫을 챙기게 도와주시기를 바랐다. 예수님은 그런 그에게 "삼가 모든 탐심을 물리치라. 사람의 생명이 그 소유의 넉넉한 데 있지 아니하니라"(15절)고 대답하셨다.

탐욕은 어리석은 것이고, 잘못된 것이다. 탐욕은 다른 사람들을 해친다.

2008년에 '경기 대침체'가 시작되면서 집값 거품이 붕괴되었다. 나는 미국의 경제 문제를 설명하려고 시도하는 책들을 몇 권 읽어 보았다. 그 결과 책임을 져야 할 기관과 사람들이 많다는 인상을 받았다. 책의 저자들은 앨런 그린스펀(Alan Greenspan), 미국 연방 준비제도, 조지 부시(George W. Bush), 빌 클린턴(Bill Clinton), 패니메이(Fannie Mae, 대출 전문 금융회사), 월 스트리트 투자 은행들, 신용 평가 기관들에 관해 말했다.

경제가 침체하게 된 원인 중 하나는 정책의 부작용이었지만 사람들은 그것이 원인인 줄 알지 못했다. 하지만 그런 결과를 미리 예측했어야 마땅했다.

그중 한 권의 책은 경기 대침체의 원인이 단지 정책만이 아니라 인간적인 요인에 있다는 데 초점을 맞춰 많은 사람의 탐욕스러운 결정을 지적했다.

탐욕스러운 대부업자들이 대출금을 차환할 필요가 없는 사람들에게까지 대출을 남발해 수수료를 챙겼다. 그들은 대출을 원하는 사람들에게 마구 대출을 해 주었다. 어떤 대부업자들은 심지어 장기가 아닌 단기에 대출금을 갚아야 하는, 유익하지 못한 대출 상품을 팔기도 했다. 그것은 탐욕의 산물이었다.

탐욕스러운 감정 평가사들도 한몫 톡톡히 거들었다. 대부업자들은 대출을 해 주기 위해 주택의 가격을 높게 평가해 줄 감정 평가사가 필요했고, 감정 평가사들은 대부업자들이 맡기는 일감이 필요했다. 두 집단은 서로 공생하며 행복했지만 소비자에게 종종 피해를 입혔다. 집값이 지나치게 높게 평가되었다. 주택 산업은 집값이 상승을 지속하는 한 모든 것을 정당화할 수 있었다. 사람들은 허름한 집을 싼값에 사서 손을 본 다음 다시 비싼 값에 파는 일에 몰두했고, 건축업자들은 오른 가격으로 주택을 팔 수 있을 것이라고 생각하며 기록적인 속도로 집을 건축했다.

결국 거품이 일어날 대로 일어 마침내 터지고 말았다. 그러나 미국 경제계 어딘가에 있던 나쁜 사람들에게만 원인이 있는 것은 아니었다. 탐욕스러운 채무자들, 즉 일반인들도 경기 대침체에 일조했다. 대출 신청서를 허위로 기재한 채무자들이 많았다. 그들은 자신의 소득과 자산과 고용 상태와 신용을 속였고, 자신이 구입하려고 하는 집에 살 의도가 있는지 없는지도 솔직하게 말하지 않았다. 한 경제학자는 대출 1년차에 상환이 연체된 대출금 가운데 대출 신청서를 허위로 기재한 비중이 70퍼센트에 이르는 것을 확인했다.

탐욕에는 결과가 뒤따른다. 그것으로부터 자유로운 사람은 아무도 없다.

탐욕에 사로잡히면 고용주의 시간을 무익하게 낭비하거나, 근무 시간에 게으름을 피우거나, 지출 보고서를 위조하거나, 창고 물건을 빼돌리거나, 출근 명부를 허위로 기재하거나, 상품을 함부로 처분하거나, 금전 등록기에 손을 대는 등 사람이나 원칙보다 물질적인 이득을 더 우선시하는 유혹을 느끼기 쉽다.

나의 첫 번째 직업은 식료품 가게에서 3교대 근무로 공병을 수거하는 일이었다. 다른 사람들을 판단할 생각은 조금도 없지만 새벽 3시에 맥주병을 담은 봉지를 가져오는 사람들은 조금 의심스러울 때가 많았다.

당시는 자동 기계가 없던 시절이기 때문에 모든 것을 일일이 손으로 해야 했고, 공병 값을 계산한 영수증을 발행해 주어야 했다(미시간주에서는 캔이든 병이든 개당 10센트씩 쳐주었다). 사람들은 종종 병의 개수만 말하고 돈을 받아 갔다. 나중에 확인해 보면 봉지에 돌만 가득한 경우가 있었다. 심지어 직원들까지도 근무를 마칠 무렵이면 영수증을 허위로 출력하곤 했다. 온통 역겹고 무질서했지만, 무엇이 잘못인지 아는 사람은 아무도 없었다.

이밖에도 십계명의 제8계명은 '다른 누군가가 이 일을 처리해 주고 필요한 것을 주겠지.'라는 식의 태도를 금한다.

바울은 이렇게 가르쳤다.

도둑질하는 자는 다시 도둑질하지 말고 돌이켜 가난한 자에게 구제할 수 있도록 자기 손으로 수고하여 선한 일을 하라(엡 4:28).

조용히 자기 일을 하고 너희 손으로 일하기를 힘쓰라. 이는 외인에 대하여 단정히 행하고 또한 아무 궁핍함이 없게 하려 함이라(살전 4:11-12).

우리가 너희와 함께 있을 때에도 너희에게 명하기를 누구든지 일하기 싫어하거든 먹지도 말게 하라 하였더니(살후 3:10).

우리는 개인이나 자선 단체나 각종 기관을 통해 제공되는 도움의 손길에 마땅히 감사해야 한다. 사회나 정부 차원에서 사람들의 부족한 것을 돕는 프로그램이 많다.

하지만 그런 것에만 의존해서는 안 된다. 성경은 '항상 도움의 손길이 있을 거야. 국가는 돈이 많고, 교회도 돈이 많아. 그런데 뭐가 문제야?'라는 식의 태도를 금한다.

일할 기회가 있는데도 우리의 소유가 아닌 것을 공짜로 받는 것도 도둑질이나 마찬가지다. 십계명의 제8계명은 그런 행위를 금지한다.

하나님께서 요구하시는 것

『하이델베르크 요리문답』에서 발췌한 두 번째 문답은 다음과 같다.

111문: 하나님은 8계명으로 무엇을 요구하시는가?
답: 내가 할 수 있는 일은 무엇이든 해서 이웃을 유익하게 하고, 내가 대접받고자 하는 대로 남을 대접하며, 성실하게 일해서 어려운 사람들을 도우며 살기 바라신다.

십계명의 제8계명은 도둑질을 하지 말라고 가르치는 것으로 그치지 않는다. '남의 것을 훔치지 않고, 마음에 탐심만 품지 않으면 돼. 그러면 나는 착한 사람이야. 나는 순전히 해만 끼치는 사람이 아니야.'라고 생각할 수 있다.

그러나 8계명은 그 이상을 요구한다. 우리가 대접을 받고자 하는 대로 남을 대접하라고 요구한다.

"나는 내 이웃의 행복을 증진하고 보호해 줄 법률과 미덕과 수단을 원해."
"나는 이웃이 어려움에 처할 때 그들을 도울 수 있도록 열심히 일하고 싶어."

십계명의 제8계명은 남의 물건을 훔치지 않는 것으로 만족하지 말고, 관대한 마음으로 물건을 나눠 주고, 어려운 사람들을 도우라고 명령한다. 이 계명은 사유재산권을 선한 것으로 인정한다. 현대적인 개념이 아니다. 이 개념은 구약성경 전체에 걸쳐 나타난다.

구약의 율법은 하나님께서 개인의 소유를 인정하신다고 전제한다. 개인의 자산과 소유가 신성한 권리에 속하지 않는다면 하나님께서 도둑질을 금하는 계명을 십계명의 하나로 정하셨을 리가 없지 않겠는가?

출애굽기 22장은 사유재산을 보호하는 것과 관련된 규칙을 세세하게 나열하고 있다. 사도행전에 나오는 초대교회도 신자들이 자유롭게 베풀고, 공유하며, 서로의 쓸 것을 제공했지만 모두 개인의 소유를 처분해서 그렇게 한 것이다. 그들은 개인의 소유를 인정하지 않고 모든 것을 공유하는 공동체나 공산 사회가 아니었다. 그것은 단지 공동체적인 의식의 발로였다.

이 둘 사이에는 엄청난 차이가 있다.

초대교회 신자들은 사유재산을 그대로 소유하면서 어려운 동료 신자들에게 관대하게 베풀었다. 그들은 형제와 자매들을 돕기 위해 자신의 재산을 팔았다. 교회 공동체를 생각하는 마음이 먼저일지라도 재산을 사용하는 권한은 개인에게 있었다.

이처럼 사유재산은 나쁜 것이 아니다. 구약성경은 국가의 번영을 이스라엘 민족에게 주어진 언약의 축복 가운데 가장 중요한 복으로 간주한다.

욥은 가난한 자들을 후대하면서도 자녀들이 호의호식하는 것에 분개하지 않았다. 예수님께서 제자들에게 토지와 가족과 소유를 버리라고 말씀하신 이유는 내세에서 훨씬 더 많은 것을 얻게 될 것이기 때문이었다. 예수님께서 소유와 재산에 빗대어 동기를 부여하려고 하셨다는 사실은 그것이 선하다는 것을 보여 준다.

우리의 소유가 아닌 것을 취해서는 안 된다. 그러나 우리의 소유는 지키고 즐길 수 있을 뿐 아니라 자유롭게 다른 사람들과 나눌 수 있다. 이 점은 에베소서 4장 28절과 『하이델베르크 요리문답』에 분명하게 드러나 있다.

자신의 직업을 사랑하는 사람도 있고, 희망이 없는 직업이라며 좌절하는 사람도 있다. 노동의 신학을 전반적으로 검토해 볼 수 있겠지만 어려운 처지에 있는 사람들을 돕는 것이 우리가 열심히 일해야 할 이유 중 하나인 것은 분명하다. "내가 베풀 때마다 돈이 나를 지배하지 않는다는 선언이 이루어진다. 계속해서 관대하면 돈을 우상시하는 것을 계속해서 탈피할 수 있다"는 켄트 휴스(R. kent Hughes)의 말이 마음에 꼭 와 닿는다.[4]

우리의 보물이 있는 곳에 우리의 마음도 있다. 우리의 마음은 보물이 움직이는 곳으로 향하기 마련이다.

만일 우리가 소유한 장난감이나 맨 케이브(man cave, 좋아하는 물건을 갖다 놓고 혼자만의 시간을 즐기기 위해 마련한 남자의 공간 – 역주)나 운동 연습실이나 자동차나 주택을 보물로 삼는다면 우리의 마음도 그곳으로 향할 것이다.

착한 마음을 갖는 것이 어려울 때는 먼저 돈부터 나누라. 그러면 마음도 그 뒤를 따를 것이다. 교회나 하나님 나라의 대의를 추구하는 단체들을 찾아 관대하게 베풀면 마음이 자연스레 그곳에서 벌어지는 일로 향하게 되는 것을 느끼기 시작할 것이다.

우리 중에는 하나님의 것을 도둑질하는 사람들이 있다.

말라기 3장 1-12절은 십일조를 바치지 않는 행위에 대해 엄중히 경고한다. 말라기 선지자는 그런 행위를 하나님의 것을 도둑질하는 것으로 간주했다. 그 이유는 하나님께서 만물의 궁극적인 소유주이시기 때문이다.

우리가 가진 것은 무엇이든 하나님으로부터 빌린 것이다. 십계명의 제8계명은 우리 모두에게 선한 청지기가 되라고 가르친다. 우리는 관리인이다. 우리는 우리의 은사와 기회를 지혜롭게 사용해야 한다

---

[4] Philip Graham Ryken, *Exodus: Saved for God's Glory*, Preaching the Word (Wheaton, IL: Crossway, 2005), 646에서 재인용.

(마 25:14-30). 우리는 우리의 소유를 다른 사람들을 하늘나라로 인도하는 데 사용함으로써 하늘에 보물을 쌓아 두어야 한다(눅 16:1-13 '불의한 청지기 비유' 참조).

예수님께서 우리가 알고 있는 것보다 '영적' 면모를 덜 지니고 계신다고 생각해 본 적이 있는가? 터무니없는 소리처럼 들릴지 모르지만 내 말의 의도를 좀 더 자세히 밝히자면 이렇다.

우리는 예수님께서 "재물을 원하느냐? 부끄러운 줄 알아라. 안정되고 안전한 삶을 원하느냐? 부끄러운 줄 알아라. 왜 그보다 더 중요한 것을 원하지 않는 것이냐?"라고 말씀하실 것이라고 생각한다. 그러나 예수님은 그렇게 말씀하지 않으신다. 오히려 그분은 모든 인간이 지닌 욕망을 이용하신다.

우리는 영구히 지속되는 것을 확실하게 소유하고 싶어 한다. 우리는 미래를 대비하기에 충분한 것을 소유하기 원한다. 예수님은 그런 우리에게 "좋다. 내가 그것을 가지고 있다. 진정으로 행복해질 수 있는 방법을 말해 주겠다. 보물을 하늘에 쌓으라"고 말씀하신다.

예수님은 보물을 원하는 인간의 욕망을 단죄하지 않으신다. 그분은 다만 세상의 소유가 영원히 지속되거나 진정한 만족을 줄 것이라고 생각하는 어리석은 사람들을 나무라실 뿐이다.

"영구차 뒤에 이삿짐 차가 따라가는 법은 없다"는 속담이 있다. 죽을 때 재산을 가지고 가는 사람은 아무도 없다.

안정되고 안전한 삶을 원하는가? 충분한 것을 가지고 싶은가? 대저택과 궁궐을 소유하고 싶은가? 통치자가 되고 싶은가? 결코 썩지 않을 보물, 결코 주가가 떨어지지 않을 주식, 결코 가치가 떨어지지 않을 퇴직 연금을 갖고 싶은가?

좋다. 그것을 가질 수 있는 방법을 말해 주겠다. 보물을 하늘에 쌓아 두라. 그곳에는 좀도 없고, 동록도 없고, 경기 침체도 없다. 진정으로 중요한 것이 무엇인지 생각해 보라. 안전한 삶을 원하는 욕망은 나쁘지 않다. 소유를 원하는 욕망도 나쁘지 않다. 기쁨을 원하는 욕망도 나쁘지 않다. 그러나 예수님은 "그런 욕망에 이끌려 어리석은 바보가 되면 안 된다"고 말씀하신다.

베드로가 말한 놀라운 약속을 생각해 보라. 그는 "(하나님이) 예수 그리스도를 죽은 자 가운데서 부활하게 하심으로 말미암아 우리를 거듭나게 하사 산 소망이 있게 하시며 썩지 않고 더럽지 않고 쇠하지 아니하는 유업을 잇게 하시나니 곧 너희를 위하여 하늘에 간직하신 것이라"(벧전 1:3-4)고 말했다.

재정 세미나에 참석했는데 강사가 "썩지 않고, 더럽지 않고, 쇠하지 않고, 가치가 하락하지도 않는 퇴직 연금을 약속합니다. 관심 있나요?"라고 말한다면 얼마나 기쁘겠는가? 성경이 그렇게 약속한다. 하나님은 "내가 너희를 위해 그것을 마련해 두었다. 그것은 그리스도를 믿고 믿음과 회개로 그를 따르는 모든 자를 위해 하늘에 간직되어 있다"고 말씀하신다.

우리는 소유를 원하고, 아무도 빼앗아 갈 수 없는 것을 가지고 싶어 한다. 예수님은 "보물을 하늘에 쌓아 두라. 상상할 수 없을 만큼 풍성한 기업의 보증으로 성령이 너희에게 주어졌다"고 말씀하신다.

혹시라도 온 세상이 어깨를 무겁게 짓누르는 듯한 심정을 느낄지 몰라 마지막으로 한 가지 좋은 소식을 들려주겠다.

지금까지 재물과 관대함과 탐욕에 관해 말했기 때문에 '대체 어떤 좋은 소식이 있을 수 있단 말인가?'라는 생각이 들 수 있을 것이다. 만일 그런 생각이 들거든 예수님께서 십계명의 제8계명을 어긴 두 강도 사이에서 십자가에 못 박힌 채로 마지막 숨을 거두셨다는 사실을 기억하라. 그들은 강도요, 도둑이요, 선동가였다. 그러나 그중 한 사람은 "우리는 우리가 행한 일에 상당한 보응을 받는 것이니 이에 당연하거니와 … 예수여, 당신의 나라에 임하실 때에 나를 기억하소서"(눅 23:41-42)라고 말했다. 그리고 예수님은 그에게 "내가 진실로 네게 이르노니 오늘 네가 나와 함께 낙원에 있으리라"(43절)고 대답하셨다.

예수님은 마지막 숨을 거두시기 직전에 그가 어리석게 인생을 송두리째 낭비하며 찾고자 했던 것을 기꺼이 주겠노라고 약속하셨다. 그 한순간에 예수님은 십자가의 강도를 새롭게 깨우쳐 오직 하나님의 아들이신 그리스도 안에서만 그가 찾고 있었던 것을 찾을 수 있다는 사실을 깨닫도록 도와주셨다.

질문과 적용

1. 『하이델베르크 요리문답』 110문답은 "하나님은 십계명의 제8계명으로 무엇을 금지하시는가?"라고 묻고 다음과 같이 대답했다.

> 하나님은 법률로 처벌할 수 있는 공공연한 도둑질과 강도질만을 금지하지 않으셨다. 하나님이 보실 때에는 겉으로 합법적인 것처럼 위장해 이웃을 속이고 편취하는 행위도 도둑질에 해당한다. 예를 들면 저울이나 크기나 양을 속이는 행위, 사기 물품을 판매하는 행위, 위조지폐와 고리대금을 비롯해 하나님께서 금지하신 모든 것이 여기에 포함된다. 아울러 하나님은 모든 탐욕과 자신의 선물들을 무의미하게 낭비하는 행위를 금지하신다.

- 요리문답을 통해 십계명의 제8계명에 대한 이해의 폭이 얼마나 크게 확대되었는가?

- 전에 미처 생각하지 못했던 내용이 있는가?

- 십계명의 제8계명을 좀 더 깊이 이해하면 직장 생활이나 개인 생활에서 어떤 행동의 변화가 이루어질 것 같은가?

2. 탐심은 십계명의 제8계명을 어기는 행위에 어떤 영향을 미치는가? 다음의 성경구절을 통해 탐심에 대해 무엇을 배울 수 있는가?
   - 잠언 15장 27절
   - 누가복음 12장 13–21절
   - 고린도전서 6장 9–11절

3. 사람들을 대할 때나 개인적인 관계를 맺을 때 십계명의 제8계명을 적용한다면 어떻게 해야 할까?

4. 저자가 "예수님은 보물을 원하는 인간의 욕망을 단죄하지 않으신다"고 말한 이유가 무엇인지 설명하라.

5. 마태복음 13장 44-45절을 읽으라.
   - 이 비유들은 재물에 대한 우리의 관점을 어떻게 바꾸라고 요구하는가?

   - 새롭게 바꾼 관점을 우리의 마음과 삶에 적용하려면 어떻게 해야 하는가?

9.

진실을 말하라

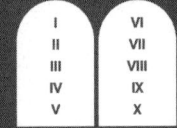

네 이웃에 대하여 거짓 증거하지 말라

출애굽기 20:16

구약성경의 처음 아홉 권에서 한 가지 흥미로운 유형이 발견된다.

그런 유형이 의도적인 것인지 우연인지는 분명하지 않다. 또 누구나 주의만 기울이면 그런 유형을 충분히 발견할 수 있을 것이라고 장담하기도 어렵다. 아무튼 아홉 권의 성경은 제각각 특별히 주목할 만한 한 가지 불순종 행위를 통해 십계명을 하나씩 차례로 부각시키고 있다.[1]

창세기에서부터 시작해 보자. 아담은 아내인 하와를, 하와는 뱀의 목소리를 하나님보다 더 중시했다. 이는 "나 외에는 다른 신들을 네게 두지 말라"는 십계명의 제1계명을 어긴 것이다. "네가 먹는 날에는 정녕 죽으리라"는 말씀대로 1계명을 거역한 대가는 죽음이었다(창

---

[1] 데이비드 노엘 프리드만의 주장이다. 다음의 자료를 참조하라. *The Nine Commandments: Uncovering the Hidden Pattern of Crime and Punishment in the Hebrew Bible* (New York: Random House, 2002).

2:17 참조). 결국 그 일로 아담과 하와는 에덴동산에서 쫓겨났다.

그다음은 출애굽기다. 출애굽기에서 가장 극악한 불순종 사례는 무엇일까? 두말할 필요 없이 금송아지 숭배다. 십계명의 제2계명을 어긴 대가는 무엇이었을까? 하나님은 레위 자손을 보내 3천 명을 죽이게 하셨고, 전염병을 일으키셨다. 계명에 대한 불순종은 죽음으로 귀결되었다.

레위기 24장 10-16절은 한 남자가 하나님의 이름을 모독한 사건을 다룬다. 이는 십계명의 제3계명을 어긴 것으로 여기에도 역시 죽음이 형벌로 주어졌다.

민수기 15장 32-36절은 안식일에 나무를 하여 안식일을 어긴 사람에 관한 일화를 언급한다. 이와 같이 우리는 구약성경의 네 번째 책에서 십계명의 제4계명을 어긴 대표적인 사례를 발견한다.

신명기 21장 18-21절은 부모를 존중하지 않는 패역한 아들을 모두의 손으로 돌로 쳐 죽이라고 말씀한다.

여호수아로 넘어가면 순서가 조금 달라진다. 여호수아에서 특별히 주목할 만한 범죄는 무엇일까? 그것은 바로 아간의 죄다. 이 사건을 다루는 데 많은 지면이 할애되었다. 아간은 여리고성 전투가 끝난 뒤 하나님께 봉헌된 전리품을 훔쳐 십계명의 제8계명을 범했다. 그 결과로 그는 죽음을 당했다.

사사기에는 극악한 범죄가 많이 나타난다. 그 가운데서도 가장 극악한 범죄가 사사기의 후반부에서 발견된다. 불량배들이 집단으로 레위인의 첩을 강간하고 살해했다. 레위인은 그녀를 열두 조각으로 잘라 이스라엘 열두 지파에 보냈다. 그것을 보고 그들 모두 "이스라엘 자손이 애굽 땅에서 올라온 날부터 오늘까지 이런 일은 일어나지도 아니하였고 보지도 못하였도다"(삿 19:30)고 경악했다. 그들은 분연히 일어나 기브아 사람들과 베냐민 지파를 상대로 동족상잔의 전쟁을 벌였다. 참으로 끔찍한 범죄였다. 이번에는 십계명의 제6계명을 어긴 것이었고, 그 결과는 죽음이었다.

연대순으로 보면 룻기가 그 뒤에 와야 하지만 히브리성경은 현재의 구약성경과 순서가 다르다. 히브리성경은 여호수아와 사사기를 거쳐 곧바로 사무엘서와 열왕기서로 이어진다. 그다음은 이사야서이고, 그것을 시작으로 선지서가 전개된다. 이처럼 히브리성경의 처음 아홉 권은 이스라엘의 역사를 다룬다.

사무엘서에서 가장 가증스러운 죄는 다윗이 밧세바와 간통을 저질러 십계명의 제7계명을 어긴 것이다. 그로 인해 다윗의 아들이 죽고, 다윗 왕가에 피비린내 나는 권력 다툼이 시작되었다.

마지막으로 열왕기서다. 열왕기서에도 악한 죄가 많이 나온다. 그 가운데서 특히 주목할 만한 일화가 열왕기상 21장에서 발견된다.

> 이스르엘 사람 나봇에게 이스르엘에 포도원이 있어 사마리아의 왕 아합의 왕궁에서 가깝더니 아합이 나봇에게 말하여 이르되 네 포도원이 내 왕궁 곁에 가까이 있으니 내게 주어 채소밭을 삼게 하라. 내가 그 대신에 그보다 더 아름다운 포도원을 네게 줄 것이요 만일 네가 좋게 여기면 그 값을 돈으로 네게 주리라(왕상 21:1-2).

진실을 말하라

여기에서 우리는 거짓 증거와 탐욕의 죄를 발견한다. 나봇이 포도원 넘기는 것을 거부하자 아합은 왕궁으로 돌아와 근심에 잠긴다. 그때 아합의 아내 이세벨이 그에게 "왕이 지금 이스라엘 나라를 다스리시나이까? 일어나 식사를 하시고 마음을 즐겁게 하소서. 내가 이스르엘 사람 나봇의 포도원을 왕께 드리리이다"(왕상 21:7)라고 말했다. 그녀는 계책을 세웠다. 나봇을 불러내 백성들의 주목을 받게 한 뒤 불량자 두 사람을 그의 앞에 세워 "나봇이 하나님과 왕을 저주하였다"(13절)고 거짓으로 증언하게 했다. 두 증인이 있었기 때문에 나봇은 즉석에서 처형되었고, 아합과 이세벨은 그의 포도원을 손에 넣었다. 그 결과 아합과 이세벨은 하나님의 심판을 받아 처참한 죽음을 맞이했다(19절). 계명을 어기는 죄를 지으면 죽임을 당하게 된다는 사실이 다시금 분명하게 드러났다.

히브리성경의 처음 아홉 권에는 이런 유형이 전개되어 나타난다. 단지 아간의 죄만 순서가 다를 뿐이다. 나는 몇 년 전에 한 권의 책을 읽다가 우연히 이 유형을 발견했다.

생각해 봐야 할 질문이 몇 가지 있다. 이런 유형은 의도적인 것인가? 누군가가 나중에 이런 식으로 성경을 배열한 것인가? 하나님께서 이런 식으로 성경이 구성되도록 섭리하신 것인가?

설령 이 모든 것이 우연이라 하더라도 하나님께서 십계명을 어긴 죄를 얼마나 엄중히 다스리시는지 보여 주는 놀라운 증거가 아닐 수 없다. 이 아홉 권의 성경은 각각 불순종의 극악한 사례를 하나씩 언급하며, 그 결과가 죽음이라는 사실을 분명하게 드러낸다.

참된 증거

십계명의 제9계명은 "거짓말을 하지 말라"는 것이다. 그것이 이 계명의 요점이다. 이는 특별히 법정 상황과 관련된다.

고대 사회에서 증인은 매우 중요했다. 오늘날에도 증인은 중요하지만 요즘에는 녹음이나 비디오나 지문이나 유전자 검사와 같은 다른 증거들도 중요하게 취급된다. 그러나 고대 사회에는 그런 증거물이 전혀 없었다. 오로지 목격자뿐이었다. 한 사람이 나서서 누군가의 범죄를 증언하고, 또 한 사람이 나서서 똑같은 증언을 하면 피고인은 당장 목숨을 내놓아야 할 처지가 되고 말았다.

> 죽일 자를 두 사람이나 세 사람의 증언으로 죽일 것이요 한 사람의 증언으로는 죽이지 말 것이며(신 17:6).
> 너희가 행할 일은 이러하니라. 너희는 이웃과 더불어 진리를 말하며 너희 성문에서 진실하고 화평한 재판을 베풀고(슥 8:16).
> 장로에 대한 고발은 두세 증인이 없으면 받지 말 것이요(딤전 5:19).

십계명의 각 계명은 계명을 어기는 최악의 경우를 상정해 그것을 금지하는 형태를 취한다. 예를 들어 살인은 십계명의 제6계명을 어기는 최악의 경우에 해당한다. 그러나 예수님은 6계명을 어기는 것이 살인만이 아니라고 가르치셨다. 분노도 6계명을 어기는 행위일 수 있다. 또한 간통은 7계명을 어기는 최악의 경우에 해당한다. 그러나 예수님은 누군가에 대해 음욕을 품으면 그 또한 7계명을 어기는 것이라고 말씀하셨다.

이처럼 십계명의 제9계명을 어기는 최악의 경우는 법정에서 거짓 증언을 하는 것이다. 그 상황에서는 거짓 증언으로 인해 누군가의 목숨이 일순간에 결판날 수 있다.

십계명의 제9계명은 단지 법정에서의 거짓 증언에만 국한되지 않는다. 이 계명은 모든 형태의 거짓말에 적용된다.

십계명은 전체적으로 하나님께서 정의를 중시하신다는 사실을 보여 준다. 하나님께서 살인을 금지하는 계명을 주신 이유는 자신의 형상으로 창조된 모든 사람을 귀하게 여기시기 때문이 아니겠는가? 그분이 도둑질을 금하는 계명을 주신 이유는 사유재산권을 인정하시기 때문이 아니겠는가?

하나님은 십계명의 제9계명에서 특히 말로 이루어지는 정의에 관심을 기울이셨다. "막대기와 돌로는 나를 상하게 할 수 있지만 말로는 나를 상하게 할 수 없다"는 말은 사실이 아니다. 거짓말은 사람들에게 깊은 상처를 안겨 준다. 십계명의 제9계명은 결혼, 재산, 생명, 평판, 명예 등을 보호하기 위해 주어졌다.

성경에는 종종 거짓을 말하는 죄가 등장한다. 뱀이 최초의 거짓말쟁이였다. 야곱도 거짓말을 했고, 라반도 거짓말을 했다. 거짓 증언 때문에 그리스도께서 십자가형을 당하셨다.

아나니아와 삽비라도 약간의 거짓을 말했다. 그들은 재산을 팔아 교회에 내놓았다. 칭찬받아 마땅한 행위였다. 하지만 그들은 일부를 감추고 다 내놓았다고 거짓말을 했다(행 5:1-11 참조). 그들은 자신들의 몫으로 일부를 남겼다. 그들에게는 그렇게 할 권리가 있었지만 거짓말을 한 것이 문제였다.

이 일을 재구성하면 다음과 같다.

"오, 아나니아와 삽비라여! 성탄을 축하하기 위해 이렇게 헌금을 하다니 참으로 큰 사랑을 지녔군요!"
"네, 저희는 재산을 팔아 모두 교회에 바쳤습니다."

하지만 그들은 단지 일부만을 교회에 바쳤다. 하나님께서 성령을 속인 죄로 즉석에서 그들의 생명을 거두어 가셨다.

우리는 우리의 말을 너무 경솔하고 하찮게 여기는 경향이 있다. 우리는 결혼식에서 서로의 눈을 똑바로 바라보며 "죽음이 우리를 갈라놓을 때까지 당신을 사랑하고, 존중하고, 소중히 여길 것입니다."라고 서약한 뒤 다른 누군가에게로 눈을 돌린다. 조금 지루해지거나 어려움에 부딪히거나 누군가가 병이라도 걸리게 되면 우리의 말은 금세 모든 효력을 잃고 만다.

거짓 증언하지 말라

하나님께서 십계명의 제9계명으로 요구하시는 것은 무엇일까?『하이델베르크 요리문답』은 이렇게 대답한다.

그 누구에 대해서도 거짓으로 증언하지 않고, 그 누구의 말도 왜곡하지 않고, 험담이나 중상하지 않고, 말도 들어보지 않고 섣불리 누군가를 단죄하는 일에 가담하지 않기를 바라신다. 법정이든 어디서든, 모든 거짓과 속임을 삼가야 한다. 그런 것은 모두 마귀가 사용하는 계책으로 하나님의 무서운 진노를 초래하게 만든다. 진실을 사랑하고, 그것을 정직하게 말하며, 솔직하게 인정해야 한다. 이웃의 명예를 지키고 높이기 위해 할 수 있는 최선을 다해야 한다.[2]

이 내용을 한 가지씩 차례로 생각해 보자. 첫째, "그 누구에 대해서도 거짓으로 증언하지 않고." 히브리어 구약성경은 약 열여섯 곳에서 여섯 가지 방식으로 '거짓 증언'을 묘사한다. 이런 사실은 거짓 증언이 성경에서 결코 작은 주제가 아니라는 것을 분명하게 보여 준다.

둘째, "그 누구의 말도 왜곡하지 않고." 이런 일을 하기는 너무나 쉽다. 그냥 자연스럽게 그렇게 되므로 굳이 애쓸 필요조차 없다.

우리는 무슨 말을 하든지 우리 자신은 영웅이고, 다른 사람들은 악당인 것처럼 말하기를 좋아한다. 우리는 우리 자신이 상처를 주는 말이나 가혹한 말을 한 것은 쏙 빼놓고, 다른 사람들이 우리에게 심한 말을 한 것만 부각시키며, 어떤 사건에 대한 우리의 해석을 마치 명백한 사실인 양 주장하는 습성이 있다. 특히 우리는 갈등 상황에 연루되어 있을 때 의식적으로든 무의식적으로든 암시적인 태도로 말을

---

2) Heidelberg Catechism, answer 112, *Ecumenical Creeds and Reformed Confessions* (Grand Rapids, MI: Faith Alive, 1988).

전달하는 방법에 능통하다. 구체적으로 말해 우리는 대화를 나눌 때 사실을 적당히 조작하여 우리는 좋아 보이게 하고, 다른 사람들은 나빠 보이게 한다. '말을 조작해 사람들을 속이는 일'은 유명한 사람들만 하는 것이 아니다. 우리도 모두 마찬가지다.

셋째, 십계명의 제9계명은 '험담과 중상'을 금한다. 험담과 중상은 사실을 불필요하게 거론하여 널리 알리는 것이나 근거 없는 소문을 퍼뜨리는 것을 의미한다. '나는 내가 모르는 사실은 절대 말하지 않아. 누구와 누가 정을 통했다는 말이나 누가 회사에서 해고당했다는 말은 모두 사실이니까 결코 험담이 아니야. 나는 진실을 말했을 뿐이야.'라고 생각하는 사람이 있을지 모른다. 그렇다면 스스로에게 '이 사실을 알리는 것이 과연 필요할까?'라고 한번 물어보라.

물론 여기에는 불분명한 회색지대가 존재한다. 목회자인 나는 항상 그런 상황에 직면하곤 한다. '이 일을 아내에게 말해야 할까? 이 일을 다른 장로들에게 말해야 할까?'라는 생각이 들 때가 많다. 다른 사람들도 분별이 필요한 상황에 직면할 것이 틀림없다. 그럴 땐 먼저 우리 자신에게 '내가 이 사실을 전하면 당사자인 그 사람이 과연 행복해할까?'라고 물어봐야 한다. 만일 그 사람이 학교를 우등으로 졸업했거나 좋은 직장에 들어갔거나 상을 탔다면 그런 사실은 얼마든지 알려도 괜찮다. 그러나 나쁜 소식일 때는 그것이 설혹 사실일지라도 알리지 않는 것이 바람직하다.

또 '이 사실을 제3자에게 알리면 어떤 결과가 벌어질까?'라는 질문도 생각해 볼 필요가 있다.

안타깝게도 우리는 대개 비밀을 공유함으로써 친밀한 관계를 형성하는 경향이 있다. 사람들은 비밀, 특히 외설적이거나 나쁜 비밀을 좋아한다. 친구를 가장 빨리 사귀는 방법은 공동의 적을 찾는 것이다. 그렇게 친구가 되고 나면 다른 사람들에 대해 말하기 시작한다. "나는 단지 사실을 말할 뿐이야."라고 말한다 해도 과연 그런 말을 하는 것이 필요할까? 물론 말의 당사자를 가장 잘 사랑할 수 있는 방법을 알고 싶은 마음에서 의견을 구하는 것일 수도 있고, 나중에 그 사람에게 직접 가서 말하거나 고백할 의도로 그런 말을 먼저 꺼내는 것일 수도 있다. 하지만 그런 의도와는 상관없이 조금이라도 미심쩍은 생각이 들거든 가능한 말을 아끼는 것이 좋다.

직접 험담을 하는 것은 물론이고 험담을 듣는 것도 바람직하지 않기는 마찬가지다. 성경은 "남의 말하기를 좋아하는 자의 말은 별식과 같아서 뱃속 깊은 데로 내려가느니라"(잠 18:8)고 말씀한다. 그런 말에 귀를 기울이지 않기는 매우 어렵지만 때로는 "잠깐! 우리가 지금 왜 이런 대화를 해야 하는지 잘 모르겠네요. 핀잔을 주려는 것이 아니라 단지 잘 모르겠어서 그래요."라고 말해야 할 필요가 있다.

때로는 험담을 묵묵히 듣고 있는 것도 험담만큼 큰 잘못일 수 있다. 우리는 "잠깐만요. 우리가 모든 사실을 다 알고 있다고 생각하지 않아요. 더 말하지 않는 것이 좋겠네요."라고 용기 있게 말해야 할 때 잠자코 험담을 받아들일 때가 많다.

험담이 우리가 잘 알지 못하는 일을 말하거나 사실이지만 말할 필요가 없는 일을 말하는 것이라면 중상은 거기에서 한 걸음 더 나아간다. 중상이란 고의로 거짓을 퍼뜨리는 것을 의미한다. 예수님은 중상을 심각한 죄로 간주하셨다. "마음에서 나오는 것은 악한 생각과 살인과 간음과 음란과 도둑질과 거짓 증언과 비방이니 이런 것들이 사람을 더럽게 하는 것이요"(마 15:19-20). 우리는 이따금 실수로 정확하지 않은 정보를 퍼뜨리는 잘못을 저지르기도 하지만 근거 없는 거짓 정보를 퍼뜨릴 때도 적지 않다. 이것이 중상이다.

또한 다른 사람의 의도를 심하게 곡해하여 말하면서 내 말이 틀림없다는 식으로 단정하는 것도 중상에 포함된다. 이런 일은 늘 일어난다. 우리는 어떤 일을 당하고 나면 "그녀가 나와 아무 말도 하지 않으려고 했던 이유는 나 때문에 몹시 화가 났기 때문이야."라거나 "그가 그런 식으로 이메일을 보낸 것을 보니 이러저러한 생각을 갖고 있는 것이 틀림없어."라고 생각하기를 좋아한다.

우리는 정교한 가설과 사변을 발전시켜 다른 사람에게 그것을 확실한 사실인 것처럼 말한다.

"그녀가 나 때문에 정말로 화가 났나 봐."
"그걸 어떻게 알아?"
"화가 났다고 말하지는 않지만 나를 바라보는 표정을 보면 분명히 알 수 있어."

자신이 친구나 형제나 자매에게 참된 증언을 하고 있는지 깊이 생각해 보라.

넷째, 우리는 "말도 들어보지 않고 섣불리 누군가를 단죄하는 일에 가담해서는 안 된다." 예수님은 "비판을 받지 아니하려거든 비판하지 말라"(마 7:1)고 말씀하셨다.

아마도 모든 사람이 잘 알고 있는 말씀이겠지만 그 의미를 그릇 이해할 때가 많다. 예수님의 말씀은 비평적인 사고를 일체 중단하라는 의미, 곧 생각을 완전히 중단한 채 사람이나 사물에 대해 아무런 평가도 내리지 말라는 의미가 아니다. 그분의 말씀은 다른 사람에게 적용하는 판단의 잣대를 우리 자신에게도 똑같이 적용해야 한다는 뜻이다.

만일 우리가 모든 정보를 면밀히 살피지 않고 처음에 받은 인상에만 근거하여 의견을 말하고, 섣불리 결론으로 치닫는다면 다른 사람들도 우리를 그런 식으로 판단하도록 허용해야 마땅하다. 바울은 "그러므로 때가 이르기 전 곧 주께서 오시기까지 아무것도 판단하지 말라. 그가 어둠에 감추인 것들을 드러내고 마음의 뜻을 나타내시리니 그때에 각 사람에게 하나님으로부터 칭찬이 있으리라"(고전 4:5)라는 말로 그런 식의 성급한 판단을 자제하라고 당부했다.

현대 재판의 근본 원칙 가운데 하나는 죄가 확실하게 입증되기 전까지는 무죄하다는 것이다. 이것은 성경적인 개념이다.

잠언은 양쪽 말을 다 들어야 한다고 가르친다. "송사에서는 먼저 온 사람의 말이 바른 것 같으나 그의 상대자가 와서 밝히느니라"(잠 18:17). 판단하기 전에 먼저 모든 사실을 면밀하게 살펴야 한다.

나는 배심원단에 참여한 적이 없지만 몇 달에 한 번씩 배심원 의무를 이행하라는 통보를 받는다. 법원 청사에 가서 70-80명의 배심원 후보와 함께 앉아 있으면 변호인들이 가장 공정하고 공평해 보이는 사람들을 선정한다. 그 절차가 진행되는 동안 판사는 종종 사람들에게 무죄 추정의 원칙을 상기시켜 준다. 만일 판사가 그 일을 하지 않으면 피고인 측 변호인이 그 일을 대신한다. 그는 "제 고객이 이런 혐의와 아무 상관이 없다는 것을 여러분에게 보여 주기 위해 제가 무엇을 해야 할까요? 여러분이 제 고객을 무죄로 판단하게 하기 위해 제가 어떤 증거를 제시해야 할까요? 그 대답은 제가 해야 할 일이나 제시할 증거는 아무것도 없다는 것입니다. 법에 따르면 제 고객은 죄가 입증되기 전까지는 결백한 사람으로 간주됩니다. 따라서 저는 아무것도 할 필요가 없습니다. 제 고객이 유죄라는 사실은 검사 측에서 입증해야 합니다."라고 말한다.

무죄 추정의 원칙은 아무것도 판단하지 말라거나 비평적인 사고를 삼가라는 의미가 아니라 가능한 한 필요한 정보를 모두 파악할 때까지 마지막 판단을 유보하라는 의미다. 우리는 아무런 이유 없이 판단을 일삼지 말고, 사람들이 우리가 생각하는 것보다 훨씬 더 나은 사람으로 드러나기를 바라야 한다.

이 문제는 소셜 미디어에 의한 여론 재판이 성행하는 요즘과 같은 시대에 더욱더 심각하게 나타난다. 이 문제는 늘 일어나고, 나타나는 유형도 거의 비슷할 뿐 아니라, 다루기가 까다롭고 안타까운 측면이 있다. 악명이 높거나 불명예스러운 사람을 상대로 여러 가지 심각한 혐의가 제기된다. 그 대상이 목회자나 의사나 정치인이나 흑인이나 경찰관일 수 있다. 그런 혐의가 신빙성 있어 보일 때도 있고, 단순한 억측과 험담에 불과한 것처럼 보일 때도 있다. 어느 쪽이 되었든 소셜 미디어에 의한 재판이 광범위하게 진행된다.

사람들은 다른 사람들이 어느 편에 설 것인지 결정하고, 논쟁에 뛰어들기를 요구한다. 만일 그런 요구에 따르지 않으면 "당신은 왜 아무 말도 하지 않아요? 어떻게 이처럼 온갖 혐의가 난무하는데 침묵을 지킬 수 있죠?"라는 비난에 직면할 공산이 크다. 만일 참여하지 않으면 무죄한 희생자를 외면한다거나 정의에 무관심하다는 비판을 받기 쉽다.

이것은 인터넷 웹사이트를 돌아다니는 사람 누구나 마주칠 수밖에 없는 문제다. 만일 혐의가 사실로 입증되면 참으로 끔찍하고, 비극적이고, 두려운 일이 될 수밖에 없다. 또한 그것이 틀렸거나 잘못된 것으로 입증되더라도 당사자의 평판이나 목숨을 구하기에는 때늦은 상태가 되어 버린다.

말을 들어보지 않거나 정당한 이유 없이 그 누구도 단죄해서는 안 된다. 우리는 말하기도 어렵고, 말해 봤자 환영받지도 못할 게 뻔할지라도 "잠깐만요, 상황이 좋지 않다는 것은 알지만 증거가 좀 더 드러날 때까지 조금 더 기다려 봅시다."라고 말할 수 있어야 한다. 법원도 부당한 판결을 내릴 수 있고, 교회도 잘못된 결정을 내릴 수 있다. 우리는 타락한 세상에 살고 있다. 따라서 공정한 재판이나 확실한 증거 없이 함부로 단죄를 일삼지 말고, 자제력을 발휘해야 한다.

1996년 하계 올림픽이 진행 중일 때 근처 공원에서 파이프 폭탄이 발견되었다. 리처드 주웰(Richard Jewell)이라는 안전요원이 폭탄을 발견하고, 폭발이 일어나기 전에 군중을 대피시켰다. 그는 사람들의 생명을 구한 공로로 영웅으로 부상했다. 그러나 연방수사국에서 수사에 착수하면서 영웅이었던 그가 주요 용의자로 바뀌었다. 연방수사국 요원들은 TV 생중계를 통해 주웰의 어머니가 사는 아파트를 수색했고, 그의 차를 압수했다. 온 세상 사람의 눈앞에 영웅인 그가 실제로 범죄를 저지른 죄인처럼 보였다. 그러나 결국 그는 나중에 모든 혐의에서 벗어났다. 우리는 늘 이런 식의 판단을 내린다.[3]

또한『하이델베르크 요리문답』은 "법정이든 어디서든, 모든 거짓과 속임을 삼가야 한다"고 말한다. 이런 잘못은 매우 쉽게 이루어진다. 어떤 기자가 트위터에 유명한 정치인이나 목회자나 운동선수에 대해 부정적인 말을 게재하면 금세 4천여 개의 리트윗이 올라온다. 그리고 그날 늦게 앞서 게재되었던 내용이 철회되고 정정 글이 올라오면 약 3백여 개의 리트윗이 이뤄진다. 나쁜 소식이 좋은 소식보다 훨씬 더 빠르게 확산된다. 우리는 이런 형태의 거짓과 속임을 삼가야 한다.

어떤 사람들은 과장하기를 좋아하는 습성이 있다. 사소한 일처럼 보이지만 절대 그렇지 않다. 나도 나의 달리기 속도, 눈을 치우는 데 걸리는 시간, 내가 가진 학위들, 내가 먹는 음식 따위를 과장해서 말하려는 유혹을 느낄 때가 많다. 자신이 삶의 가장 작은 부분까지도

---

[3] 이 사건을 다큐멘터리로 다룬 내용을 살펴보려면 다음의 자료를 참조하라. "Judging Jewell", *30 for 30 Shorts*, session 1, episode 17, January 29, 2014. 이 다큐멘터리는 다음의 사이트에서 볼 수 있다. http://www.espn.com/video/clip?id=10365079.

정확하게 말할 정도로 진실한 사람인지 생각해 봐야 한다. 지킬 능력이 없거나 끝까지 지킬 생각이 없는 약속은 하지 말아야 한다. 성경은 "서원하고 갚지 아니하는 것보다 서원하지 아니하는 것이 더 나으니"(전 5:5)라고 말씀한다.

간단히 말해 우리는 최선을 다해 이웃의 명예를 보호해야 한다. "많은 재물보다 명예를 택할 것이요 은이나 금보다 은총을 더욱 택할 것이니라"(잠 22:1). 집이나 자동차나 돈보다 명예를 회복하는 것이 훨씬 더 어렵다. 재산을 잃으면 사람들이 다가와서 "당신을 사랑합니다. 돕고 싶습니다. 직업을 알선해 주겠습니다."라고 말하겠지만 명예와 평판을 잃으면 아무도 다가오지 않을 것이다. 명예를 쌓는 데는 일평생이 걸리지만 그것을 잃는 데는 반나절이면 족하다. 인터넷을 악의적으로 사용하는 사람 몇 명과 그들의 말을 믿는 사람들 몇 십 명만 있으면 한 사람의 명예를 손쉽게 결딴낼 수 있다. 칼빈은 이렇게 말했다.

> 우리는 남의 허물을 들춰 내 퍼뜨리는 그릇된 행위에 재미를 느껴 즐거워하는 경향이 있다. 거짓을 말하지 않는다는 것이 그런 행위를 정당화하는 변명이 될 수 있다고 생각해서는 안 된다. 형제의 명예가 거짓으로 더럽혀지는 것을 원하지 않는 사람은 진리가 허용하는 한도 내에서 그것이 흠 없이 보존되기를 원할 것이 틀림없다.[4]

---

4) John Calvin, *Institutes of the Christian Religion*, ed. John T. McNeill, trans. Ford Lewis Battles (Philadelphia: Westminster Press, 1960), 2.8.48.

십계명의 제9계명은 단지 거짓말하지 말라는 것 이상의 의미를 지닌다. 예수님께서 요약하신 대로 이 계명의 요지는 이웃을 나 자신처럼 사랑하는 것이다. 누군가가 우리의 말을 왜곡하거나 우리의 명예를 훼손한다면 다른 사람들이 나서서 "잠깐만요, 나는 그를 잘 압니다. 당신이 사실을 바르게 알고 있다고 확신하기 어렵군요."라거나 "나는 그녀를 잘 압니다. 내가 보는 관점은 당신과 다릅니다."라고 말해 주기를 바라지 않겠는가? 이웃이 나의 명예를 지켜 주기 원한다면 나도 똑같이 그들의 명예를 지켜 주어야 마땅하다.

진실을 말하는 것이 중요한 이유

진실을 말하는 것이 그토록 중요한 이유는 무엇인가? 그 이유는 그것이 곧 하나님의 본성이기 때문이다. "이스라엘의 지존자는 거짓이나 변개함이 없으시니 그는 사람이 아니시므로 결코 변개하지 않으심이니이다"(삼상 15:29). 하나님께서 인간이 아닌 하나님이신 이유는 무엇일까? 그 한 가지 이유는 그분이 절대로 거짓말을 하지 않으신다는 것이다. "사람은 다 거짓되되 오직 하나님은 참되시다"(롬 3:4). 예수님은 "내가 곧 길이요 진리요 생명이니"(요 14:6)라고 말씀하셨다. 그것이 하나님의 본성이다.

그렇다면 마귀의 본성은 무엇일까? 그는 거짓의 아비다. 진실을 왜곡하거나 속이는 것은 마귀의 일을 하는 것이다. 마귀는 태초부터 "하나님이 참으로 그렇게 말씀하시더냐?"라고 말하며 자신이 속이는 자임을 분명하게 드러냈다(창 3:1 참조). 마귀는 노골적인 거짓말은 물론 절반의 진실이나 모호한 말로 교묘히 속이기를 좋아한다. 그는 미끼를 던지고, 갈고리를 숨긴다.

오늘날 우리는 말의 홍수 시대에 살고 있다. 우리는 말을 읽거나 듣거나 보거나 무시하며 살아간다. 말을 만드신 분은 하나님이다. 그분은 말씀으로 의사를 소통하신다. 그분은 언어와 의사소통을 귀하게 여기실 뿐 아니라 말 자체를 그분 자신과 동일시하신다.

요한은 "말씀이 육신이 되셨다"는 말로 세상에 오신 하나님을 묘사했다(요 1:14 참조). 하나님은 자신의 말씀이 있는 곳에 임하신다. 이것이 언어와 말과 참된 진술이 그토록 중요한 이유다. 하나님의 성품을 반영하려면 참된 말을 해야 하고, 오직 진실만을 말하려고 노력해야 한다.

'사계절의 사나이'(A Man for All Seasons)는 내가 좋아하는 영화 중 하나다. 이것은 왕의 이혼을 인정하려 하지 않았던 토마스 모어(Thomas More) 경의 이야기를 다룬 영화다. 모어는 자신의 원칙을 굽히려 하지 않았다. 영화의 마지막 부분에서 모어는 한때 친구였던 리처드 리치(Richard Rich)에게 배신을 당한다. 리치가 마지막 거짓 증인으로 등장해 모어의 처형에 결정적인 영향을 미치는 증언을 한다. 그는 모어가 왕을 비난하는 것을 들었다고 주장했다(그러나 모어는 그런 말을 한 적이 없었다). 리치가 증언을 마치고 자리를 뜰 때 모어는 직위를 나타내는 사슬 휘장이 그의 목에 걸려 있는 것을 발견했다. 그 휘장에는 '웨일스의 붉은 용'이 새겨져 있었다. 그것을 본 모어는 "리처드, 영혼을 내

주고 온 세상을 얻는다 해도 아무것도 아니거늘 고작 웨일스 때문인가?"라고 말했다. 우리가 거짓말을 할 때마다 마귀와 거래를 한다는 사실을 잘 보여 주는 명대사가 아닐 수 없다.

증인으로서 진실을 말하는 것은 매우 중요하다. 거짓 증언 때문에 그리스도께서 십자가에 처형되셨다. 스데반도 거짓 증언으로 교회 역사상 최초의 순교자가 되었다.

> 여호와께서 미워하시는 것 곧 그의 마음에 싫어하시는 것이 예닐곱 가지이니 곧 교만한 눈과 거짓된 혀와 무죄한 자의 피를 흘리는 손과 악한 계교를 꾀하는 마음과 빨리 악으로 달려가는 발과 거짓을 말하는 망령된 증인과 및 형제 사이를 이간하는 자이니라(잠 6:16–19).

하나님께서 자신의 증언이 참되다고 주장하신 적이 얼마나 많은지 아는가?

하나님은 자주 스스로를 가리켜 자신의 약속이 확실할 것이라고 맹세하셨다. 예수님은 하나님께서 그분의 증인이시기 때문에 다른 증인이 필요하지 않다고 주장하셨다. 요한계시록 1장 5절에서는 스스로를 참된 증인으로 일컬으셨다. 그분은 성령께서 자기에 대해 증언하신다고 말씀하셨다(요 15:26). 또한 바울은 성령께서 우리의 영과 더불어 우리가 하나님의 자녀인 것을 증언하신다고 말했다(롬 8:16).

예수님은 제자들에게 "오직 성령이 너희에게 임하시면 너희가 권능을 받고 예루살렘과 온 유대와 사마리아와 땅끝까지 이르러 내 증인이 되리라"(행 1:8) 말씀하셨다.

충실한 증인으로 사는 것보다 더 중요한 것은 없다. 우리는 항상 신뢰할 수 있는 말을 해야 한다. 그러지 않으면 우리가 생명의 말씀을 전할 때 사람들이 어떻게 우리의 말을 믿을 수 있겠는가? 일시적인 일에 관한 말조차 신뢰받지 못하는데 어떻게 영원한 일에 대한 말을 믿어 주기 바라겠는가?

그리스도께서는 마귀 앞에서 우리의 증인이 되어 주시고, 우리는 세상에서 그분의 참된 증인이 되라는 부르심을 받았다.

질문과 적용

1. 십계명의 제9계명은 단순히 거짓말을 하거나 법정에서 거짓으로 증언하는 행위만을 금지하지 않는다. 이 계명이 얼마나 많은 의미를 지니고 있는지 설명하라.

2. 저자는 "하나님은 십계명의 제9계명에서 특히 말로 이루어지는 정의에 관심을 기울이셨다"고 말했다. 성경은 이 점을 어느 곳에서 어떻게 구체적으로 예시하고 있는가?

3. 어떤 이유로 십계명의 제9계명을 지키거나 어기게 되는가? 구체적인 사례를 제시해 보라.

4. 잠언 18장 17절은 "송사에서는 먼저 온 사람의 말이 바른 것 같으나 그의 상대자가 와서 밝히느니라"고 말씀한다.
   – 이 말씀이 무슨 의미인가?

   – 특히 소셜 미디어에서 이 지혜의 말씀을 무시하는 행위가 빈번하게 자행되고 있는 이유가 무엇이라고 생각하는가?

5. 성경적인 관점에서 볼 때 진실을 말하는 것이 그토록 중요한 이유는 무엇인가?

10.

탐심을 버리고 자족하라

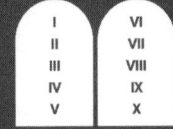

네 이웃의 집을 탐내지 말라.
네 이웃의 아내나 그의 남종이나 그의 여종이나
그의 소나 그의 나귀나 무릇 네 이웃의 소유를 탐내지 말라

출애굽기 20:17

십계명의 제10계명은 매우 익숙한 내용이지만 한 번 더 천천히 읽어 보자.

"네 이웃의 집을 탐내지 말라."

"이웃들은 좋은 물건을 많이 가지고 있어."
"이 동네에서 사는 게 지겨워. 우리는 쓰레기 더미에서 살고 있어. 멋지고 아름다운 곳에서 살면 좋겠어. 왜 나는 좋은 집을 가질 수 없는 걸까?"

"네 이웃의 아내를 탐내지 말라."

"와우! 그녀는 너무 아름다워. 왜 내 아내는 저렇게 늙어 가지 못하는 것일까?"

"그녀 같은 여자와 결혼했다면 얼마나 좋았을까. 내 아내와 결혼하지 않았다면 훨씬 더 행복했을 텐데."

"그녀의 남편을 좀 봐. 그는 항상 너무 친절해. 그는 자녀들에게도 잘하고, 집안일도 많이 도와줘. 그는 물건을 부수는 것이 아니라 무엇이든 잘 고쳐. 세상의 반이 남자인데 왜 나는 내 남편과만 붙어 지내야 할까?"

"그의 남종이나 그의 여종이나 그의 소나 그의 나귀를 탐내지 말라."

"내 차는 완전 고물이야."

"삶은 공평하지 않아. 친구들은 모두 휴가를 즐겨. 그들은 그랜드캐니언(Grand Canyon)에 가고, 디즈니월드(Disney World)에도 가. 하와이나 유럽에 가는 친구들도 있어. 우리는 할머니 댁에 가는 것만 해도 다행이야."

"왜 나는 이렇게 형편없는 직장에서 벗어나지 못하는 것일까?"

"우리 아이들이 이웃집 아이들을 닮으면 좋을 텐데."

"왜 나의 부모는 장애인일까?"

"무릇 내 이웃의 소유를 탐내지 말라."

"나도 그 사람처럼 똑똑하면 좋겠어."

"내가 그녀처럼 생겼다면 훨씬 더 행복할 텐데."

"나는 왜 정상적인 가정에서 자라지 못했을까?"

"왜 나는 내 친구들처럼 강하지도 못하고, 잘 달리지도 못하고, 뛰지도 못하고, 던지지도 못할까?"

"다른 사람들은 모두 쉽게 사는데 왜 내 삶은 뭐든 이렇게 어렵기만 할까?"

다른 사람들의 소유를 눈여겨보는 것 자체는 아무런 잘못이 없다. 그러나 우리 중에는 다른 사람들의 소유를 보고, 하나님께서 그들에게 베푸신 축복을 감사하게 생각하는 사람이 매우 드물다. 우리는 우리의 소유를 보고, 하나님께서 우리에게 베푸신 것에 불만을 품을 때가 많다.

중대한 죄

성경은 탐심의 죄에 대해 강하게 경고한다.

그들이 마음에 하나님 두기를 싫어하매 하나님께서 그들을 그 상실한 마음대로 내버려 두사 합당하지 못한 일을 하게 하셨으니 곧 모든 불의, 추악, 탐욕, 악의가 가득한 자요, 시기, 살인, 분쟁, 사기, 악독이 가득한 자요, 수군수군하는 자요, 비방하는 자요, 하나님께서 미워하시는 자요, 능욕하는 자요, 교만한 자요, 자랑하는 자요,

악을 도모하는 자요, 부모를 거역하는 자요, 우매한 자요, 배약하는 자요, 무정한 자요, 무자비한 자라"(롬 1:28-31).

추악한 범죄들이 나열되어 있고, 그 가운데 탐심이 포함되었다. 탐심은 장난삼아 저질러도 되는 사소한 죄가 아니다. 바울은 에베소서에서 "음행과 온갖 더러운 것과 탐욕은 너희 중에서 그 이름도 부르지 말라. 이는 성도에게 마땅한 바니라"(엡 5:3)고 말했다. 여기에서 "탐욕"은 성적 범죄를 뜻하는 의미지만 이 죄가 성도가 이름조차 불러서는 안 되는 무서운 죄들과 나란히 언급되었다는 사실은 매우 의미심장하다.

그렇다면 탐심은 정확히 무엇을 의미할까?

탐심은 욕망과 다르다. 십계명의 제10계명은 모든 종류의 갈망과 욕망, 혹은 더 나은 것이나 좋은 것을 바라는 마음을 금하지 않는다. 예수님은 굶주림, 곧 음식에 대한 욕망을 느끼셨다. 또한 광야에서는 유혹에 이끌리는 욕망을 경험하셨고, 겟세마네 동산에서는 홀로 버려진 외로움을 느끼셨으며, 십자가에서는 갈증의 욕구를 느끼셨다. 그분은 고난이 어떤 것인지 아시고 하나님께 "다른 길은 없습니까?"라고 물으셨다. 그러나 그 모든 상황에서도 그분은 결코 십계명의 제10계명을 어기지 않으셨다.

탐심을 금하는 율법은 감정을 금하는 율법이 아니다. 제레마이어 버로스(Jeremiah Burroughs)는 『만족, 그리스도인의 귀한 보물』(The Rare Jewel of Christian Contentment)에서 만족의 특성을 다음과 같이 설명했다.

1. 만족은 "고통에 대한 당연한 의식"을 배제하지 않는다.
2. 만족은 "우리의 근심과 불평을 하나님과 친구들에게 차분하게 털어놓는 것"을 배제하지 않는다.
3. 만족은 "여러 가지 상황에서 합법적으로 도움을 구하는 것이나 적법한 수단을 이용해 현재의 고난을 극복하려고 노력하는 것"을 배제하지 않는다.[1]

심지어 자기 성찰에 능했던 청교도들도 시련에 지친 그리스도인이 하늘을 향해 "하나님, 다른 길이 있으면 좋겠습니다."라고 말하거나 탄식하는 것을 나무라지 않았다.

성경은 욕망을 올바로 사용하라고 가르친다.

아이를 갖기 원했던 사라와 한나의 욕망은 바람직했다. 아가서의 신랑과 신부가 원했던 친밀한 성적 결합의 욕망도 선한 것이고, 잠언이 가르치는 대로 삶을 더 낫게 개선하기 위해 계획하고 노력하는 욕망도 선한 것이다.

가정의 삶이 더 나아지기를 바라고, 경제적인 형편이 더 좋아지기 바라는 욕망도 결코 나쁜 것이 아니다. 하나님을 더 많이 원하고, 성령을 더욱 충만하게 받으려는 욕망은 두말할 필요조차 없다. 이런 갈망과 욕망이 시편 곳곳에서 발견된다. 바울은 심지어 죽어서 그리스도와 함께 있기를 바랐다(빌 1:21).

---

[1] Jeremiah Burroughs, *The Rare Jewel of Christian Contentment* (1648; Edinburgh: Banner of Truth, 2009), 21-22.

이와 같이 십계명의 제10계명은 아무런 희망이나 꿈이나 적절한 야심이 없는 무감정한 존재가 되라고 요구하지 않는다.

그런 식의 사고는 기독교보다 불교에 더 가깝다.

불교는 인간의 불행이 탐욕과 욕망에서 비롯한다고 가르친다. 불교의 사성제, 곧 네 가지 근본 교리는 첫째, 인생은 고해다, 둘째, 고통은 탐심에서 비롯한다, 셋째, 탐심을 버리면 고통이 멈추고 열반에 이른다, 넷째, 탐심에서 벗어나면 해방이 있다는 것이다(이 해방은 팔정도를 수행함으로써 얻어진다).

하지만 기독교는 그렇게 가르치지 않는다.

성경은 우리의 문제가 욕망 자체가 아니라 그릇된 것을 바라거나 좋은 것을 잘못된 방법으로 얻으려는 것에 있다고 말씀한다.

루이스가 말한 대로 "바다에서 휴가를 즐기는 것이 무엇인지 모른 채 빈민촌에서 진흙 파이를 만드는 재미에 푹 빠져 있는 무지한 어린 아이처럼" 너무 많은 것을 바라는 것이 아니라 너무 적은 것을 바라며 "너무 쉽게 즐거움을 얻으려고 하는 것"이 문제다.[2]

우리는 덧없는 세상의 즐거움을 원한다.

하나님은 우리에게 "욕망을 느끼는 것을 부끄러워하라"고 말씀하지 않으신다.

그분은 "나는 세상의 값싼 장신구를 모두 합친 것보다 훨씬 더 나은 것을 너희에게 줄 수 있다"고 말씀하신다.

---

2) C. S. Lewis, *The Weight of Glory: And Other Addresses* (New York: HarperCollins, 1980), 26.

우리의 마음을 빼앗는 것

탐심이 욕망이 아니라면 그것은 대체 무엇일까? 탐심이 중대한 죄인 이유는 무엇일까? 이 질문에 대한 답은 두 가지다.

첫째, 다른 사람의 것을 내 것으로 만들고 싶어 하는 것이 곧 탐심이다. 탐심은 단순히 '멋진 집을 가지면 신날 거야.'라거나 '더 나은 직업을 가지고 싶어.'라고 생각하는 것에 그치지 않고, 거기에서 한 걸음 더 나아가 다른 사람의 것을 내 것으로 만들려는 욕심을 품는 것을 의미한다. 탐심은 "나는 저 사람들의 집을 원해. 나는 그의 직업을 원해. 그들이 가진 것을 가질 수 있다면 행복할 거야."라고 말한다.

십계명의 제8계명을 내면화시킨 것이 곧 10계명이다. 정욕이 마음으로 저지르는 간음이고, 증오가 마음으로 저지르는 살인인 것처럼, 탐심은 마음으로 저지르는 도둑질이다.

아간은 봉헌된 전리품을 훔치기 전에 먼저 그것을 "보고 탐내었다"(수 7:21 참조). 야고보는 "너희는 욕심을 내어도 얻지 못하여 살인하며 시기하여도 능히 취하지 못하므로 다투고 싸우는도다"(약 4:2) 말했다. 이 두 문장은 서로 대구를 이룬다. 탐심은 우리의 것이 아닌 물건이나 사람을 가지려고 하는 욕망이다. 섹스나 재물은 그 자체로 나쁜 것이 아니다. 그러나 우리에게 속하지 않은 것을 가지려는 그릇된 생각을 품는 순간, 둘 다 즉시 나쁜 것으로 변질된다.

탐심은 두 번째 큰 계명을 어기는 것이다. 예수님은 두 돌판에 기록된 십계명을 "네 마음을 다하고 목숨을 다하고 뜻을 다하여 주 너의 하나님을 사랑하라 하셨으니 이것이 크고 첫째 되는 계명이요 둘째도 그와 같으니 네 이웃을 네 자신같이 사랑하라 하셨으니"(마 22:37-39)라는 말씀으로 간결하게 요약하셨다.

탐심을 품으면 이웃을 나 자신같이 사랑할 수 없다. 탐심을 품으면 오직 우리에게 좋은 것(다른 사람이 어떻게 되든 상관없이 우리가 좋아하는 것, 우리를 행복하게 해 주는 것, 우리의 삶을 더 낫게 만들 수 있는 것)만을 생각하고 바라게 된다.

잘 알다시피 어린아이들은 매우 이기적이다. 그들은 성탄절 선물을 받고 행복해하다가도 형제나 친구가 더 크고 더 좋은 선물을 받은 것을 보면 금세 표정이 달라진다. 자기가 받은 멋진 장난감이 더 이상 멋져 보이지 않는다. 그 순간 그들의 입에서 "불공평해."라는 말이 튀어나온다. 그러면 엄마와 아빠의 입에서 "달나라의 분화구에 사는 어린아이들은 굶주림에 시달리고 있단다."라는 식의 긴 설교가 흘러나오기 시작한다.

그러나 우리는 어린아이들의 이기심은 쉽게 알아차리면서 정작 우리 자신의 이기심에는 너무나도 무감각하다. 우리는 길 아래에 있는 이웃집이 새로 증축을 하거나 멋진 캠핑카를 장만하면 성탄절 아침의 어린아이처럼 분노가 솟구치는 것을 느낀다.

탐심은 "나는 어떤 것을 좋아해."라고 말하는 것을 금하지 않는다. 그런 말 자체는 아무 문제가 없다. 우리는 각자 가지고 싶어 하는 것이 있다. 그러나 탐심은 거기에서 한 걸음 더 나아가 "왜 내가 저것을 갖지 못했지? 그토록 원했는데 말이야. 다른 사람이 행복하니까 화가

나. 나와 다른 사람의 처지가 바뀐다면 더 행복할 텐데."라고 말한다. 탐심은 다른 사람의 소유를 원하는 것이다. 이것이 탐심이 죄인 첫 번째 이유다.

불평불만

둘째, 마음이 불만을 느끼거나 불만을 표출하는 것이 곧 탐심이다.

『웨스트민스터 소요리문답』은 "십계명의 제10계명은 우리의 처지에 만족하지 않고 이웃의 행복을 시기하거나 억울하게 여기며, 이웃이 가진 것을 과도하게 탐하고 가지려고 애쓰는 것을 금한다."라고 말한다.[3]

탐심을 품는다는 것은 곧 하나님께서 우리를 도우실 만큼 충분히 위대하거나 우리를 돌보실 만큼 충분히 선하지 않으시다고 믿는 것과 같다. 우리의 불만족은 하나님께서 우리에게 많은 것을 빚지고 계신다는 그릇된 생각을 드러낸다.

이것이 "탐내지 말라"가 십계명의 마지막 계명으로 제시된 이유다. 이 계명이 마지막에 위치한 이유는 앞에서 말한 모든 계명을 적절하게 요약하고 있기 때문이다. 마음을 다해 주 하나님을 사모하고 사랑하지 않으면 이웃을 우리 자신처럼 사랑할 수 없다.

---

[3] Westminster Shorter Catechism, question and answer 81, *The Westminster Confession of Faith and Catechisms with Proof Texts* (Lawrenceville, GA: Christian Education & Publications Committee, 2007).

십계명이 "나는 … 네 하나님 여호와니라. 너는 나 외에는 다른 신들을 네게 두지 말라"(출 20:2-3)는 숭엄한 명령으로 시작해서 "이웃의 나귀를 탐내지 말라"는 평범한 명령으로 끝나는 것이 조금 이상하게 느껴질 수 있다.

그러나 이 두 계명은 서로 밀접하게 연관되어 있다. 하나님께서는 "나는 너희에게 필요한 유일한 신이다. 바알을 섬기지 마라. 어떤 형상에도 절하지 마라. 짐승이나 친구나 어떤 능력에도 마음을 빼앗기지 마라. 너희 마음과 눈을 사로잡는 것을 내 앞에 두지 마라." 말씀하신다.

탐심은 우상 숭배다(골 3:5). 탐심은 저 사람이나 저 장소나 저 소유가 없으면 살 수 없다고 말한다. 탐심은 욕망을 우상으로 둔갑시킨다. 십계명의 제10계명은 "살인하지 마라. 간음하지 마라. 도둑질하지 마라. 그리고 네가 가진 것에 만족하라"는 용두사미 격의 추가 명령이 아니다. 탐내지 말라는 명령은 다른 아홉 가지 계명을 마음의 차원에서 함축적으로 요약한 실천적인 계명이다.

물론 예수님은 모든 계명이 내적 차원을 지닌다고 가르치셨다. 그러나 10계명이 없으면 외적인 복종에만 초점을 맞추기 쉽다. 처음 아홉 가지 계명은 최소한 겉으로는 완벽하게 지킬 수 있다. "사람들을 죽이지 마라." 얼마든지 그렇게 할 수 있다. "부적절한 잠자리를 갖지 마라." 이것도 잘 지킬 수 있다. "맹세해 놓고 거짓말하지 마라." 물론이다.

그러나 계명을 하나씩 차례로 점검한 뒤 마지막 10계명에 이르면 그것을 완벽하게 지키기가 불가능하다는 사실을 깨닫게 된다. 금송아지를 섬기지 않고는 살 수 있지만 정직한 사람이라면 누구나 자신이 탐심으로부터 온전히 자유로울 수 없다는 것을 잘 안다.

탐심의 징후

고대 사회에는 십계명과 비슷한 내용의 법전들이 있었다. 다른 국가와 민족에게도 살인을 금지하는 계명이 있었다. 고대의 다른 법전들도 결혼과 참된 증언과 사유재산을 보호했다. 그러나 십계명처럼 과도한 욕망을 금지하는 계명을 명시한 법전은 지금까지 발견되지 않았다.

십계명의 제10계명은 다른 계명이 함축하고 있는 것(복종은 마음의 문제이기 때문에 올바른 진단을 내리기 어렵다는 것)을 분명하게 드러낸다.

탐심을 품고 있다는 것을 어떻게 알 수 있을까? 탐심은 어떤 형태일까? 무엇이 마음의 내적 상태를 보여 주는 현상일까?

탐심의 징후를 네 가지만 열거하면 다음과 같다.

첫째, 더 많이 갖기 위해 다른 사람들에게 상처를 입힌다면 탐심에 사로잡힌 징후일 수 있다.

행동으로 상처를 주는 일도 당연히 있을 수 있지만 대개는 말, 태도, 표정, 비웃음, 한숨, 무관심 같은 것으로 상처를 줄 가능성이 더 크다. '다른 사람들보다 앞서 나가기 위해서라면 무슨 일이라도 하겠어.'라는 식의 태도를 지니고 있는가? 야고보는 "너희가 땅에서 사치

하고 방종하여 살륙의 날에 너희 마음을 살찌게 하였도다"(약 5:5)라는 말씀으로 일꾼들의 품삯을 주지 않았던 당시의 탐욕스러운 고용주들을 꾸짖었다. 하나님의 백성들도 재정 상태가 위태로울 때는 타협을 시도하며 스스로를 정당화할 공산이 크다.

전에는 그러지 않았는데 지금은 공정한 절차를 무시하기 시작했는가? 내가 세운 재정 계획에 힘없는 사람이 피해를 입을 수 있고(시 10:2, 3 참조), 서둘러 앞서 나가려는 바람에 다툼이 야기될 수 있으며(잠 28:25), 마땅히 관심을 기울여 돌봐야 할 사람들을 소홀히 하는 죄를 지을 수도 있다.

삶이 먹느냐 먹히느냐, 하는 치열한 전쟁터처럼 변해 버리면 결국 가족과 친구들에게는 단지 그 싸움의 잔재만이 주어질 뿐 남는 것이 아무것도 없다. 그들에게 상처를 줄 생각은 없었지만 마음이 탐욕에 이끌리면 그렇게 될 수밖에 없고, 당사자인 내가 그런 사실을 가장 뒤늦게 깨닫는 일이 종종 벌어진다.

둘째, 돈을 더 많이 벌고, 재물을 더 많이 쌓는 데 집착한다면 탐심에 사로잡힌 징후일 수 있다.

혹시 세상의 염려와 재물의 유혹으로 씨앗이 제대로 자라지 못해 열매를 맺을 수 없게 만드는 가시 떨기 땅과 같은 삶을 살고 있지는 않은가?

예수님의 비유를 통해 알 수 있는 대로 그런 삶을 사는 사람들은 어느 날 갑자기 일어나서 "좋아, 지금부터는 어떤 행동도 서슴지 않을 거야. 속이고, 거짓말하고, 훔쳐서라도 가장 높은 자리에 올라서

고 말 거야."라고 말하지 않는다. 그들은 의식적으로 하나님께 등을 돌리겠다고 결심하지 않는다. 그들은 단지 너무 바쁘고, 너무 정신이 없고, 덜 중요한 것에 집착할 뿐이다.

모든 것이 소유와 관련된다. 소유가 많을수록 그것이 우리를 소유할 위험성이 더 커진다. 개인용 보트나 별장을 소유하는 것이 잘못일까? 물론 그렇지 않다. 그런 것들이 자신의 영혼을 강하게 하고, 다른 사람들을 복되게 한다고 생각하는 그리스도인이 많다.

그러나 주의해야 한다. 건전한 휴양으로 시작한 일이 교회에 나가지 않거나 선교사 후원을 중단하는 이유가 될 수 있다. 어떤 물건을 사는 것은 죄가 아니다. 그러나 그것을 유지하는 데 필요한 시간과 정력과 노력이 영혼을 메마르게 만든다.

셋째, 이미 소유하고 있는 것을 포기할 마음이 없다면 탐심에 사로잡힌 징후일 수 있다.

어떤 사람들은 더 크고 좋은 것에 관심이 없다. 그들은 자신이 가지고 있는 것이 제공하는 안전하고 안정된 삶을 포기하려 하지 않는다. 물론 열심히 일하고, 저축하고, 자산을 책임 있게 운용하는 것은 아무 문제가 없다. 그런 삶을 권장하는 잠언이 많다. 문제는 번영의 축복을 다른 사람들과 나누려 하지 않고, 자신이 가진 것을 꽉 움켜쥔 채 놓지 않으려고 하는 것이다.

복음서에 나오는 젊은 부자 관원을 생각해 보라. 그는 예수님을 찾아와서 "무엇을 해야 영생을 얻을 수 있습니까?"라고 물었다. 예수님은 "살인하지 말라, 부모를 공경하라, 도둑질하지 말라"는 계명을 지키라고 말씀하셨다. 그러자 그는 "이미 다 지켰습니다."라고 대답했다. 그러나 예수님은 한 가지 계명을 언급하지 않으셨다. 그것은 바로 십계명의 제10계명이었다. 예수님은 "네게 아직도 한 가지 부족한 것이 있으니 가서 네게 있는 것을 다 팔아 가난한 자들에게 주라. 그리하면 하늘에서 보화가 네게 있으리라"(막 10:21)고 덧붙이셨다. 예수님은 그의 마음이 관대하지 않고, 인색하고, 탐욕스럽다는 것을 간파하셨다.

넷째, 집이나 배우자나 소유한 재물의 양과 질이나 삶의 일반적인 상태를 자주 불평한다면 탐심에 사로잡힌 징후일 수 있다.

우리는 지금 상태에서 하나만 더 가지면 마침내 행복할 것이라고 생각하기 쉽다. 이틀 안에 배송을 약속하는 인터넷 쇼핑몰을 클릭하기만 하면 곧 만족을 얻을 것처럼 보인다. 우리는 늘 '하나만 더 가지면, 하나만 더 가지면'이라고 생각한다.

우리는 대체 얼마나 많은 것을 원하는 걸까? 우리는 단지 '조금만 더' 원할 뿐이라고 생각한다.

나는 결혼식을 집례하기 전에 항상 신랑 신부와 함께 기도하면서 하나님께서 그들에게 지금 현재 기쁨을 발견할 수 있는 귀한 은혜를 베풀어 주시기를 간구하곤 한다.

우리는 우리의 꿈을 이루어 줄 다음 일만을 기다릴 때가 너무나도 많다. '약혼하면 좋을 텐데. 결혼하면 좋을 텐데. 신혼여행을 떠나면 좋을 텐데. 자녀들을 낳으면 좋을 텐데. 우리 집을 장만하면 좋을 텐데. 손자들을 보면 좋을 텐데. 은퇴하면 좋을 텐데.'라는 식으로 말이다. 이렇게 우리의 만족은 항상 '_____하면 좋을 텐데.'에 달려 있다. 하지만 그것은 참된 만족과 거리가 멀다.

탐심의 죄를 물리치려면 "그러나 자족하는 마음이 있으면 경건은 큰 이익이 되느니라"(딤전 6:6)라는 말씀을 기억해야 한다. 이 말씀의 의미는 무엇일까?

탐심은 무엇을 가지려는 욕심을 가리킨다. 그것이 탐심을 품는 목적이다. 하나님은 "나는 재물을 갖고 싶고, 친구를 갖고 싶고, 집을 갖고 싶어."라고 말하는 우리에게 "좋다. 나도 네가 얻고 싶어 하는 것을 네가 갖게 되기 원한다. 나는 네가 기쁨을 얻기 원하고, 너를 축복하기 원한다. 그러나 탐심으로는 원하는 것을 얻을 수 없다. 네가 원하는 것은 오직 만족을 통해서만 얻을 수 있다"고 말씀하신다.

당신은 무엇을 사랑하는가? 무엇을 추구하고 있는가? 샤워할 때, 일터에 나갈 때, 자동차를 운전할 때, 세탁물을 정리할 때 무엇을 생각하는가? 무엇이 진정으로 행복해지기 위해 필요한 한 가지라고 생각하는가?

만일 하나님 외에 다른 것을 대답으로 제시한다면 당신이 우상 숭배자임을 자인하는 셈이다.

하나님은 우리의 건강과 결혼생활이 중요하다는 것과 우리가 외로운 삶을 원하지 않는다는 것과 가족의 건강과 순결이 중요하다는 것과 우리가 평화, 평안함, 관계, 집, 옷, 음식 등을 원한다는 것을 잘 알고 계신다. 그분은 그런 것들을 모르지 않으신다. 그분은 우리에게 무엇이 필요한지를 너무나도 잘 아신다.

빈칸을 채우라

'_____만 가지면 진정으로 행복할 텐데.' 빈칸을 무엇으로 채웠는가? 멋진 집? 새 자동차? 배우자? 자녀들? 손자들? 잘생긴 외모? 성공적인 경력? 완벽한 건강? 빈칸에 있는 것이 우리의 삶을 지배하는 신이다. 그것은 우리가 없으면 살 수 없다고 생각하는 사람이나 장소나 물건일 수 있다. 탐심의 본질은 우상 숭배다.

탐심에 이끌린다는 것은 곧 하나님의 신분과 우리에 대한 그분의 사랑을 왜곡하는 거짓말을 믿는 것을 의미한다. 우리는 이 유혹을 믿음으로 물리쳐야 한다. 그러려면 특별히 두 가지를 기억해야 한다.

첫째, 탐심의 결과가 무엇인지 기억해야 한다. 성경은 "은을 사랑하는 자는 은으로 만족하지 못하고 풍요를 사랑하는 자는 소득으로 만족하지 아니하나니 이것도 헛되도다"(전 5:10)라고 말씀한다. 재물은 우리를 행복하게 만들지 못한다.

아삽은 시편 73편에서 이렇게 말했다.

> 나는 거의 넘어질 뻔하였고 나의 걸음이 미끄러질 뻔하였으니 이는 내가 악인의 형통함을 보고 오만한 자를 질투하였음이로다(2-3절).

무엇이 그의 그런 마음을 변화시켰는지 아는가? 그는 하나님의 성소에 들어가고 나서야 비로소 악인의 결말을 깨달았다(시 73:17). 그는 탐심의 결과를 기억했고, 오만한 자들과 불의한 자들의 결말과 하나님을 믿는 사람들의 결말을 상기했다. 예수님은 "너희는 먼저 그의 나라와 그의 의를 구하라. 그리하면 이 모든 것을 너희에게 더하시리라"(마 6:33) 말씀하셨다.

둘째, 지금 누가 우리와 함께 있는지 기억해야 한다.

> 내가 궁핍하므로 말하는 것이 아니라 어떠한 형편에든지 나는 자족하기를 배웠노니 나는 비천에 처할 줄도 알고 풍부에 처할 줄도 알아 모든 일 곧 배부름과 배고픔과 풍부와 궁핍에도 처할 줄 아는 일체의 비결을 배웠노라. 내게 능력 주시는 자 안에서 내가 모든 것을 할 수 있느니라(빌 4:11-13).

이 말씀은 단지 기도만 하면 2킬로미터를 4분 이내에 주파하거나, 럭비공을 더 멀리 던질 수 있다거나, 가장 좋은 직장을 갖거나, 최고 점수를 받을 수 있다는 의미가 아니다. 이 말씀은 풍요로울 때나 어려울 때나 하나님께서 늘 부족함이 없게 해 주신다는 뜻이다. 예수님은 "나는 생명의 떡이니 내게 오는 자는 결코 주리지 아니할 터이요 나를 믿는 자는 영원히 목마르지 아니하리라"(요 6:35) 말씀하셨다.

우리는 지금 이 순간에 누가 우리와 함께 있는지 기억해야 한다. 그는 바로 형제보다 더 친밀하고, 우리를 절대로 버리거나 떠나지 않으시며, 자기 백성을 위해 중보기도를 드리기 좋아하시는 우리의 대제사장이신 주님이다. 주님은 우리를 잊지 않으신다. 우리는 혼자가 아니다. 그런데 왜 "나는 아무것도 가지고 있지 않아."라고 말하는 것인가? 우리에게는 주님이 계시다.

십계명에 복종하려면 어떻게 해야 할까?

그러려면 그리스도께로 돌이켜 임마누엘이신 그분이 길이요 진리요 생명이라는 사실을 믿어야 한다. 또한 그분은 진리를 말씀하시기 때문에 그분의 말씀을 귀 기울여 듣고, 그분을 따라야 한다.

우리가 용서받을 수 있는 길은 오직 그리스도밖에 없다. 따라서 계명을 지키지 못했을 때는 그분께로 달려가 긍휼을 구해야 한다.

우리는 그리스도께서 생명이시라고 믿는다. 그분의 명령은 우리에게 생명을 주기 위한 것이다. 따라서 그분을 따르면 풍성한 생명을 누릴 수 있다.

질문과 적용

1. '탐심'을 정의하라. 탐심은 '욕망'과 어떻게 다른가?

2. 탐심과 불만족의 관계를 설명하라.

3. 탐심이 우상 숭배인 이유는 무엇인가? 삶 속에서 그런 우상 숭배의 유혹을 느끼는 일이 있다면 무엇인가? 다음의 성경구절에 유의하면 마음의 관점이 어떻게 달라질 수 있을 것 같은가?
    - 잠언 5장 10절
    - 요한복음 6장 35절
    - 빌립보서 4장 11-13절
    - 디모데전서 6장 6절

4. 저자는 "십계명의 제10계명은 다른 계명이 함축하고 있는 것을 분명하게 드러낸다"고 말했다. 이 말이 무슨 의미인지 설명하라.

5. 탐심의 징후 네 가지를 살펴보라. 자신에게 가장 뚜렷하게 나타나는 징후는 무엇이고, 그 이유는 무엇인가?

마치는 글

그리스도 안에서

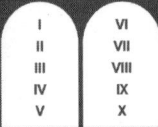

나는 여러모로 모범적인 남편이 못되지만 칭찬받을 만한 일 가운데 하나가 있다면 제인 오스틴(Jane Austen)의 영화를 많이 봤다는 것이다.

최근에 '사랑과 우정'(Love and Friendship)이라는 영화가 출시되었다. 잘 알려지지 않은 오스틴의 중편 소설 『레이디 수잔』(Lady Susan)을 근거로 한 이 영화는 참으로 기발했다.

오스틴의 소설 대부분이 그렇듯 이 이야기에도 부자이면서 어리석은 사람이 많이 등장한다. 내가 생각할 때 이 영화의 스타는 부유한 구혼자 제임스 마르틴 경(Sir James Martin)이다. 그는 레이디 수잔의 딸의 관심을 끌기 위해 노력한다. 마르틴 역을 맡은 배우의 연기는 그야말로 일품이다.

영화의 한 장면에서 마르틴은 좌중에게 자신의 성경 지식을 자랑하려고 애쓴다. 그는 "이것은 우리가 어릴 때 배우는 많은 이야기가 생각나게 하는군요. 아마도 우리의 원칙을 형성하는 데 가장 큰 영향을 미친 것은 열두 계명을 가지고 산에서 내려온 구약의 선지자에 관한 이야기일 것입니다. 우리 주님은 그 계명들을 반드시 지키라고 가르치셨죠."라고 말했다.

그러자 사람들은 작은 소리로 웅성댔고, 누군가가 "죄송하지만 열 계명으로 알고 있는데요."라고 말했다.

마르틴은 "그래요? 딱 열 계명만 복종하면 되나요? 거참 잘됐군요. 그러면 거기에서 두 가지만 제한다면 어느 것이 좋을까요? 나는 사냥을 좋아하니까 안식일에 관한 계명을 제해야 할 것 같군요. 그러고 나니 갑자기 고르기가 힘드네요. 살인하지 말라, 이웃의 집이나 아내를 탐내지 말라와 같이 '하지 말라'는 계명들, 곧 주님이 제하라고 허용하든 허용하지 않으시든 모두 옳지 않은 행위라서 아무도 어기지 않을 계명들이 대부분이니까요."라고 말했다.

아주 재미있는 장면이고, 연기도 뛰어나다. 더욱이 마르틴 경의 말은 많은 사람이 십계명을 어떻게 생각하고 있는지를 적절하게 표현하고 있다.

우리는 언제 어딘가에서 십계명에 관해 들은 적이 있지만 꽤 오랫동안 그것을 생각해 본 적이 없다. 또 만일 할 수만 있다면 두어 가지 계명을 없애고 싶어 한다.

그렇다면 나머지 계명은 어떨까?

그것은 대체로 건전한 상식에 근거한 개념처럼 보인다. 모두가 대다수 사람이 어기지 않을 계명이다. 따라서 그저 손님들과 여담을 즐기고 나서 다시 우리의 삶을 즐겁게 살아갈 수 있다.

십계명은 보통 박물관에서나 볼 수 있는 진기한 유물처럼 간주된다. 그러나 어찌 되었든 안전한 삶을 살려면 지금 당장 우리 시대에 적용할 수 있는 도덕법이 있어야 한다.

십계명을 바라보는 하나님의 시각은 우리와 전혀 다르다. 그분은 자신의 손으로 직접 십계명을 돌에 기록하셨고, 이스라엘에서 가장 거룩한 성물 안에 그것을 보관하라고 명령하셨다.

또한 예수님은 십계명을 과거의 유물로 폐기하지 않고, 그 중요성을 새롭게 강조하셨을 뿐 아니라 십계명의 언어를 사용해 우리의 도덕적 의무를 간결하게 요약하기까지 하셨다.

십계명을 온전히, 완전하게 지킬 수 있을까? 불가능하다.

십계명은 우리의 죄를 깨우쳐 십자가를 바라보게 만드는 역할을 하는가? 그렇다.

그러나 십계명은 우리에게 삶의 길, 이웃을 사랑하는 길, 마음과 영혼을 다해 하나님을 사랑하는 길을 보여 준다.

우리에게는 여전히 시내산에서 주어진 십계명이 필요하다.

그리스도의 강림으로 십계명에 모종의 변화가 일어났는가?

그렇다. 변화되었을 뿐 폐기되지는 않았다. 지극히 뛰어난 그리스도의 위대하심을 바라보며 그분 안에서, 그분을 통해 십계명을 지키지 않으면 그것을 절대로 올바로 지킬 수 없다.

그리스도 안에서 새로운 피조물이 된 우리에게 율법은 단순한 의무를 넘어선 기쁨의 원천이다.

사랑받아 마땅하고, 또 사랑받기 원하시는 그리스도를 사랑하려면 그분의 계명을 지켜야 한다(요 14:15). 그러려면 교회사의 전통을 따르는 것은 물론 늘 성령으로 행하면서 다른 모든 계명의 근간이 되는 십계명을 기억해야 한다.

질문과 적용

출애굽기 20장 1-17절과 마태복음 5-7장(예수님의 산상 설교)을 읽고, 예수님께서 십계명을 직간접적으로 언급하신 구절을 모두 찾으라. 그분은 모세에게 처음 주어진 계명을 토대로 무엇을 가르치셨는가? 십계명은 그분을 통해 어떻게 변화되었는가?

사명선언문

너희가 흠이 없고 순전하여……세상에서 그들 가운데 빛들로
나타내며 생명의 말씀을 밝혀 _ 빌 2:15-16

1. 생명을 담겠습니다
만드는 책에 주님 주신 생명을 담겠습니다.
그 책으로 복음을 선포하겠습니다.

2. 말씀을 밝히겠습니다
생명의 근본은 말씀입니다.
말씀을 밝혀 성도와 교회의 성장을 돕겠습니다.

3. 빛이 되겠습니다
시대와 영혼의 어두움을 밝혀 주님 앞으로 이끄는
빛이 되는 책을 만들겠습니다.

4. 순전히 행하겠습니다
책을 만들고 전하는 일과 경영하는 일에 부끄러움이 없는
정직함으로 행하겠습니다.

5. 끝까지 전파하겠습니다
모든 사람에게, 땅 끝까지, 주님 오시는 그날까지
복음을 전하는 사명을 다하겠습니다.

서점 안내

광화문점 서울시 종로구 새문안로 69 구세군회관 1층
             02)737-2288 / 02)737-4623(F)

강남점   서울시 서초구 신반포로 177 반포쇼핑타운 3동 2층
             02)595-1211 / 02)595-3549(F)

구로점   서울시 동작구 시흥대로 602, 3층 302호
             02)858-8744 / 02)838-0653(F)

노원점   서울시 노원구 동일로 1366 삼봉빌딩 지하 1층
             02)938-7979 / 02)3391-6169(F)

분당점   경기도 성남시 분당구 황새울로 315 대현빌딩 3층
             031)707-5566 / 031)707-4999(F)

일산점   경기도 고양시 일산서구 중앙로 1391 레이크타운 지하 1층
             031)916-8787 / 031)916-8788(F)

의정부점 경기도 의정부시 청사로47번길 12 성산타워 3층
             031)845-0600 / 031)852-6930(F)

인터넷서점 www.lifebook.co.kr